ドール服大全 ベーシックスタイル

Doll clothes dictionary basic style

関口妙子

はじめに

子供の頃から洋服が大好きでした。
新しい服を買ってもらったときのときめきとワクワク感……！
その気持ちを今でもずっと持ち続けています。

トップス、ボトムス、アウターを選んでさらにバッグや帽子の小物をプラスして
最後に靴を選んで完成！
洋服のコーディネートを考えるのは本当にワクワクします。

そして、私のドール服作りはその延長線上にあります。
ベーシックウエアが多いのもいろいろ組み合わせが楽しいからです。
自分の服を選ぶのと同じような感覚でドール服もコーディネートしたい……！

この本では、いろいろなコーディネートを楽しんでもらえるように
たくさんのお洋服が作れるようになっています。
見本の作品をそのまま作ってももちろん楽しめますし、
各パーツごとの型紙を組み合わせて使用できるので、
より自分の好みに合わせたお洋服を作ることもできます。
ベーシックウエアをできるだけたくさん、できるだけ組み合わせて
アレンジできるように、作り方も解説もできるだけと考えた結果、
ドール服大全と言える内容になったと思います。

サイズの展開は11cm、20 〜 22cm、27cm、
あとは 29cm の男子ドールサイズへのアレンジもできるように型紙の
サイズ調整の方法も掲載しています。
いろんなサイズのドールにお揃いで作るのもかわいいですよね。

時間のあるときに少しずつ進めて、ぜひたくさんのお洋服を作って
コーディネートを楽しんでいただけたら嬉しいです。

関口妙子

11cm ／ Model：ミニみゃみぃ　　©PetWORKs Co.,Ltd.　**3**

この本について

この本では定番のブラウス、スカート、パンツ、ワンピース、アウター、小物をセレクトして掲載しています。例えばブラウスの身頃の形は同じでも、襟や袖の違いでバリエーションを考えることができるので、基本のブラウスと襟や袖違いで提案しています。スカートやパンツについても同様です。ウエストベルトの作り方やあきの処理は共通で、スカートならギャザーなのかフレアなのか、パンツならストレートなのかワイドなのかの違いで作りたいアイテムを作れるようになっています。

掲載サイズは 11・22（20）・27・29cm の 5 サイズです。22cm を基準サイズとし、11・22・27cm の実物大型紙を掲載しています。29cm は 27cm を 110% 拡大してご使用ください。11cm は小さいためにきれいに作れないアイテムがあります。それらのアイテムは掲載していませんのでご了承ください。

私たちが普段着る服と同じように、アイテムを組み合わせたり着回したりすることを考えています。コーディネート例も一緒に楽しんでいただければと思います。

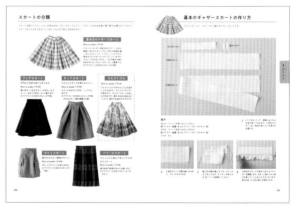

共通の作り方や基本を写真解説しています。各アイテムごとに解説していますが、あきの処理のように共通する作り方のものは 42 ページからを参照してください。

アイテムごとのページです。まず最初に掲載アイテムの一覧、次に基本の形の作り方を掲載しています。基本の形はブラウスなら四角い襟のオーソドックスな半袖、スカートならギャザースカートといったシンプルな定番アイテムです。基本の形と違う形はポイントで解説しています。ぜひパーツを組み合わせてアレンジしてください。

アイテム一覧で掲載ページと型紙を探しやすくしています。コーディネートの際にも役立ててください。

※作り方の解説では、分かりやすいように白布に赤糸で縫っています。実際に作るときは布の色に合わせた糸を使ってください。

この本のドールのサイズについて

　ドールにはたくさんの種類があり、サイズや体形もさまざまです。この本では 1/6 サイズと 1/12 サイズのドールに合わせた洋服を掲載しています。そこで掲載作品を着用しているモデルドールのサイズについて説明します。型紙の対応サイズと微妙なサイズ調整については 185 ページを参照してください。

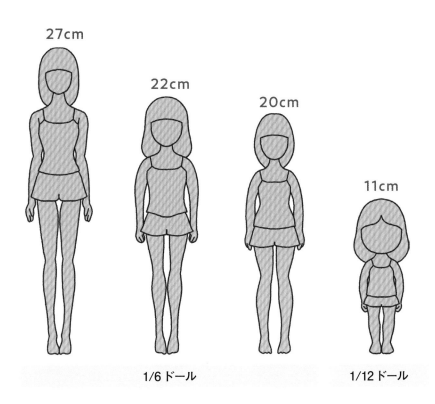

1/6 ドール　　　　　　　　　　　　　　　　　　　1/12 ドール

1/6 ドール

20cm サイズ

ピュアニーモ XS サイズを使用したドール（アゾンインターナショナルオリジナルドール、ruruko など）。

29cm サイズ

六分の一男子図鑑ナイン・エイト、ユノアクルス・ライト アズライト。

22cm サイズ

ピュアニーモ S サイズを使用したドール（えっくす☆きゅーと、Pookie Boo BonBon など）。ピュアニーモはボディが数種類あり、サイズが異なりますが、この本では 22cm として表記しています。

27cm サイズ

momoko、ユノアクルス・ライト フロゥライトなど。

1/12 ドール

11cm サイズ

ピコニーモ P ボディを使用したドール（SugarCups は全高 13cm ですが 11cm の洋服が着用できます）、オビツボディ 11 を使用したドール（ミニジョシィ、ミニみゃみぃなど）など。

　この本では 11・22・27cm の型紙を掲載しています。22cm サイズの型紙は 22cm に分類されている人形（リカちゃんやブライスなど）を基準にしています。20cm サイズのドールにも 22cm の型紙を使用します。29cm は男子のアイテムとして一部掲載しています。掲載していない 29cm アイテムでも、27cm の型紙を 110% 拡大してご使用いただけます。型紙のサイズについては 185 ページも参照してください。

27cm ／ Model：momoko
Shoes：PetWORKs
momoko™ ©PetWORKs Co.,Ltd.

20cm　Model：ruruko
Shoes：Sekiguchi
ruruko™ ©PetWORKs Co.,Ltd.

22cm ／ Model：からふる Dreamin' 朝比奈幸穂
Shoes：PetWORKs
©AZONE INTERNATIONAL

27cm ／ Model：ユノアクルス・ライト アズライト
Shoes：PetWORKs
©Gentaro Araki ／ Renkinjyutsu-Koubou,Inc.

27cm ／ Model：momoko
Shoes：Sekiguchi
momoko™ ©PetWORKs Co.,Ltd.

27cm ／ Model：ユノアクルス・ライト フロゥライト
Shoes：Sekiguchi
©Gentaro Araki ／ Renkinjyutsu-Koubou,Inc.

27cm ／ Model：momoko
Shoes：Sekiguchi
momoko™ ⓒPetWORKs Co.,Ltd.

左29cm ／ Model：六分の一男子図鑑 ナイン
右28cm ／ Model：六分の一男子図鑑 エイト
Shoes：左 Sekiguchi　右 PetWORKs
©PetWORKs Co.,Ltd.

11cm ／ Model：ミニみゃみぃ
©PetWORKs Co.,Ltd.

11cm ／ Model：SugarCups ショコラーラ
© AZONE INTERNATIONAL

11cm ／ Model：左 ミニジョシィ F.L.C. モデル RED　右 ミニジョシィ F.L.C. モデル BLONDE

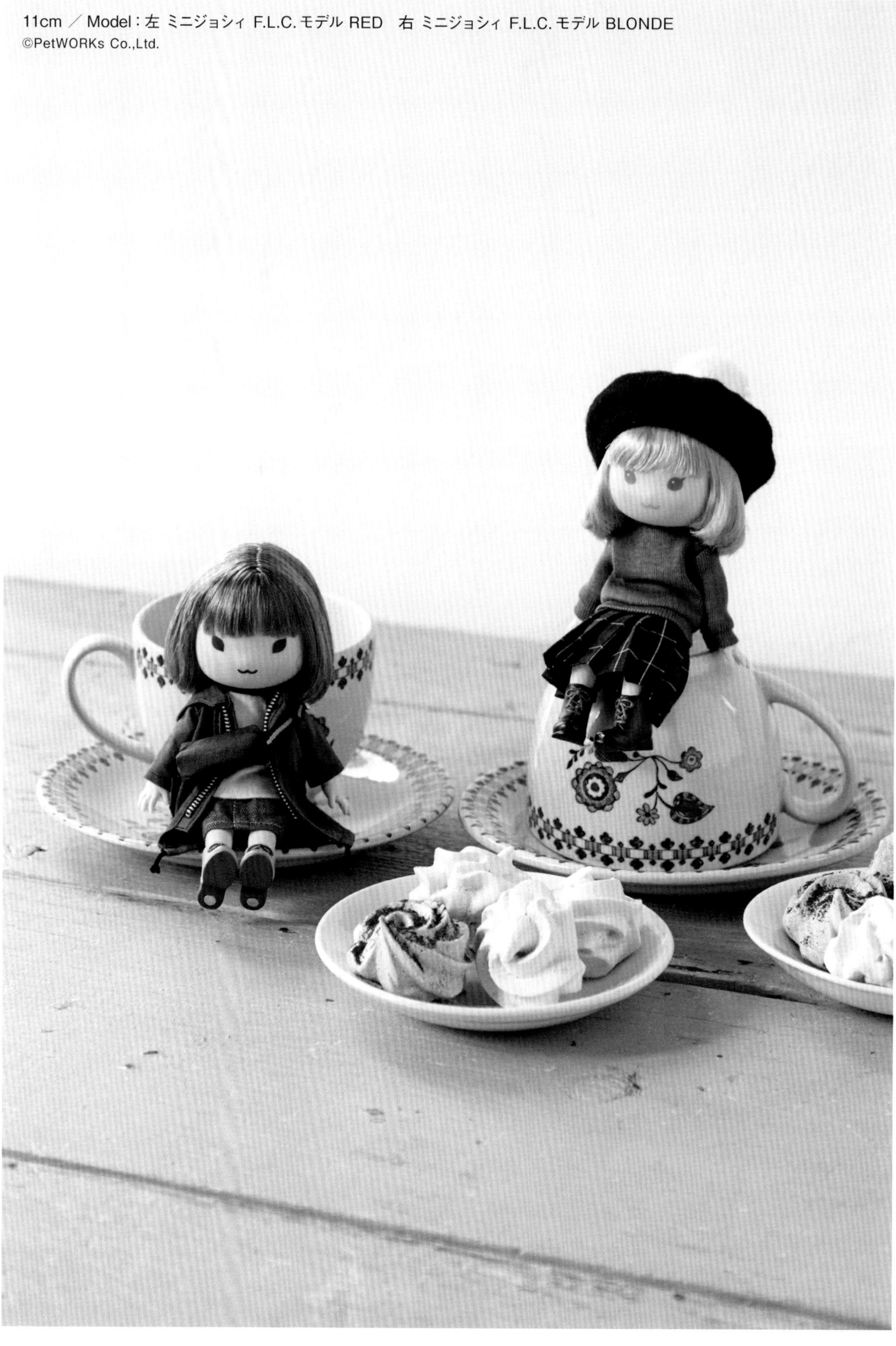

27cm ／ Model：momoko
Shoes：Sekiguchi
momoko™ ©PetWORKs Co.,Ltd.

28

22cm／Model：Pookie Boo BonBon
Shoes：Sekiguchi

27cm ／ Model : momoko
Shoes : PetWORKs
momoko™ ©PetWORKs Co.,Ltd.

11cm ／ Model：左 ミニジョシィ F.L.C. モデル RED　右 ミニジョシィ F.L.C. モデル BLONDE
©PetWORKs Co.,Ltd.

基 本

Basics

縫い始める前に知っておきたい道具や材料のこと、
型紙の作り方、共通でよく出てくる縫い方を紹介します。
道具や材料は基本的なものだけを紹介していますので、
自分の好みで選んでください。

道具

この本で使っている道具を紹介します。
ここには掲載していませんが、ミシン縫いが基本なので、ミシンも用意してください。

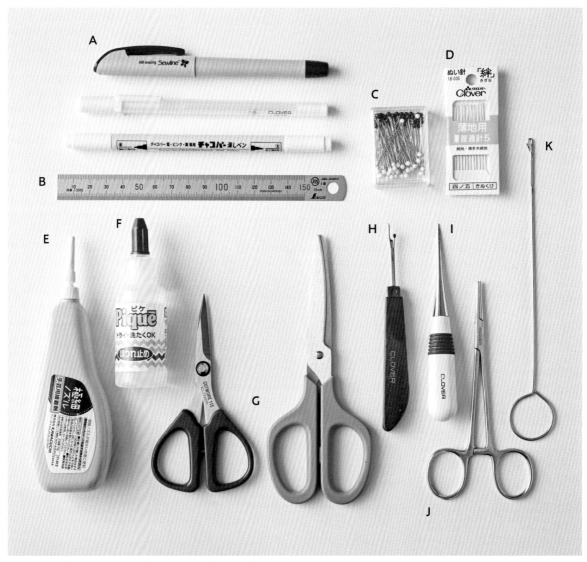

A. 印付けペンと消しペン

紫色のペンを使用。濃い色の布には白色を使います。白色は少し時間がたつと色が出てくるタイプ。消したいときは消しペンを使います。

B. 定規

ドールの服は小さいので、短い定規を用意します。

C. まち針

細くて短いものがおすすめです。

D. 手縫い用の針

薄地用を使っています。針の長さがいろいろありますが、自分の縫いやすい長さを使ってください。

E. 手芸用接着剤

水に濡らすと接着剤が取れるタイプ。極細ノズルのものが便利です。主に縫う前の仮止めに使います。

F. ほつれ止め液

布をカットした後に使います。ニット生地やカットしてもほつれない生地には使用しません。いくつか種類があるので、口の大きさやボトルの形など、自分の使いやすいものを選んでください。

G. ハサミ

布用と紙用を用意します。左のカットワークハサミで布から糸切りまで使えます。右の紙用ハサミは型紙のときなどに使います。

H. リッパー

間違えて縫ってしまったときなど、縫い目を解くときに使います。

I. 目打ち

角をきれいに出したりカーブを整えたりするときに使います。小さなパーツをおさえるときにも便利です。

J. 鉗子

服を表に返すときの必需品。縫うときだけでなく、袖口から袖を引っ張ったりと着せ替えるときにも使います。

K. ループ返し

細いひも状のものを表に返すときに使います。

L. アイロンとアイロン台

アイロン台は小さなもので十分ですが、台が硬いほうが使いやすいです。アイロンはスチーム機能があり、先の尖っているものがおすすめです。接着剤を付けたり縫ったあとにアイロンをこまめにかけることで、きれいに仕上がります。

あると便利、洋服によって使うもの

毛糸とじ針

ゴムテープを通すときに使います。針穴がゴムテープが通る大きさで、通しているときに布に引っかからないように針先が丸い針を使います。

折り目加工スプレー

スカートのプリーツやパンツのセンタープレスなど、しっかりと折り目を付けたい部分に使います。アイロンのスプレーのりでも問題ありません。

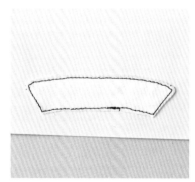

コピー用紙

パーツを乗せて一緒に縫うことで、細い部分や端のステッチなどをきれいに縫うことができます。縫ったあとは破くので、使用済の紙でもかまいません。

材料

人形専用のパーツが販売されているものもあります。布は厚さと柄の大きさに注意して市販の布を使います。

トップス ブラウスには綿ブロードやローン、シャンブレーなど、カットソーには薄手の天竺ニット、
スウェットにはスムースニットなどを使います。

綿ブロード
無地や柄など種類が豊富で縫いやすく、ドール服にはよく使用
する生地です。

綿ローン
綿ブロードより薄手で繊細な印象のコットン生地です。ブラウ
スやワンピースによく使用します。

コットンラミー
コットンとラミー(麻)の混紡生地。さらっとした手触りでナチュ
ラルな印象です。

天竺ニット
糸の太さによって厚みが変わるので薄手を選びます。Tシャツ
などのカットソー以外に靴下にも使います。

ボーダー柄のニット
人形に合わせて幅の太くないボーダーを選びます。

ウール混のニット
スウェットなどに使用すると、ニットのセーターのような雰囲気
がでます。

中厚地のニット生地
スウェットにはスムースニットやミニ裏毛ニットなど、少し厚みのあるニット生地がおすすめです。

ボトムス やや厚手でハリのある生地や、ざっくり感のある生地を使います。
トップスよりもボリューム感のある生地です。

中厚地のコットン生地
ツイルやオックスなど、やや厚手でハリ感のあるコットン生地です。パンツやタイトスカートに。

デニム
ドール用には6オンスや8オンスを使用します。染めのデニムは色落ちしやすいので、ドール本体やほかの洋服への色移りに気をつけてください。アウターやパンツなどに使います。

綿ブロード（タータンチェック）
伝統柄はベーシックなスカートにぴったりです。ドールのサイズに合わせて小さめのチェックを選びます。

インド綿
ドールのサイズに合わせて小さめのプリント柄を選んでください。柄によってトップス、スカート、ワンピースなどに使います。

材料

アウター　適度な厚みのある生地を使用します。ウール生地は厚いものが多いので、薄手のものを選ぶようにします。織り模様や表情のある生地がぴったりです。

チノクロス
適度なハリ感のある薄手のチノクロスです。モッズコートなどのアウターやパンツ、小物にも向いています。

コットンウール
コットンとウールの混紡生地です。ウールの風合いのある薄手の生地なのでドール服に向いています。ヘリンボーンや千鳥格子など、柄物もあります。

コーデュロイ
表面に毛羽があり、存在感のある生地です。ドール服には畝の細いものを選びます。アウターやボトムスに向いています。

アウターの裏地
写真は綿ローンです。綿ローンは扱いやすいので、裏地にするときも縫いやすいのでおすすめです。ポリエステルなどの裏地用の生地もありますが、扱いにくいので初心者さんには綿ローンがおすすめです。

ワンピース

ワンピースはトップスとスカートをつなぐ、トップスをそのままのばすことが多いので、特にワンピース用の生地というものはなくトップスやスカートの生地を使います。ドレスなどになるとサテンやジョーゼットなども使います。

転写プリントについて

Tシャツには転写プリントを使っています。リアルなTシャツらしさを出したいときに便利です。アイロンプリントシートを使って転写しますが、プリンターや転写したいデザインの準備が必要になります。使用するアイロンプリントの使い方をよく読んでご使用ください。

靴下　足にフィットするように伸縮性のある生地を使います。

ドットチュール

ドット模様があるチュールです。レースの靴下やタイツのような雰囲気を出すことができます。

2way トリコット

縦横どちらにもよく伸びる生地です。靴下だけでなくタイツや水着などにも使用します。

天竺ニット

Ｔシャツにも使いますが、靴下にもびったりの生地です。チュールなどに比べて厚みがあるので、木綿の靴下のような雰囲気を出すことができます。

バッグ

コットンや合皮なども使います。
形の作りやすいハリのある生地が向いています。

帽子

カジュアルな帽子なら少しハリのあるコットン生地、
ベレーやフォーマルな帽子にはウールやニット生地を使います。

ナイロン

撥水性のある生地で、カサッとした手触りです。バッグや洋服ならウインドブレーカーなどのカジュアルなアイテムに向いています。

圧縮ウール

伸縮性のある厚手のニット生地です。生地端もほつれないのでベレー帽に向いています。伸縮性のある生地のほうがきれいに仕上がります。

材料

糸

左はホックやボタンを縫い付けるときやしつけに使う手縫い糸。中央はニットなどの伸縮性のある生地に使うミシン糸。右は薄地用のミシン糸。ミシン糸は薄地用の60番手と90番手を使います。糸の色は布の色に合わせますがぴったりの色がない場合は、少し濃いめを選んでください。

接着芯

使用頻度は高くありませんがキャップ帽など形をしっかりさせたいときや、補強として使います。この本では織り布タイプの薄手とやや厚手を使っています。布の裏に接着芯の糊面を重ね、アイロンでおさえるようにして接着します。アイロンをすべらさずに隙間なくおさえます。

チュール

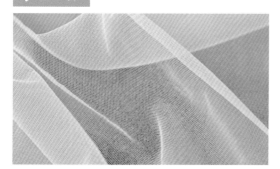

見返し処理に薄いチュールを使います。人間の服と同じように布で見返しを付けると厚みが出てしまうので、ほつれ処理の必要がなく、厚みの出ないチュールが便利です。

ファスナー

ドール用の小さなファスナーが販売されています。左は普通のクローズタイプのミニファスナー、右はオープンタイプのミニファスナーです。人形に違和感がない大きさなので、小さすぎて開け閉めにはコツが必要です。長さを調整したい場合は145ページを参照してください。

面ファスナー

フックと呼ばれるザラザラ面（オス）にループ状の面（メス）が引っ掛かることで接着します。ドール用は薄く接着力もやや弱めです。カットしてテープ状になったものと大きなシート状のものが販売されています。

スプリングホック

いちばん小さいNO.0サイズです。主に写真のオス側だけを使用することが多いです。糸ループを作って引っ掛けるようにします。ホックのメス側は、突き合わせでとめるときに使用します。

ボタン類

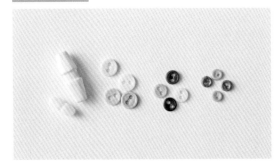

円形ボタンは 3 ～ 6mm をよく使用します。ダッフルコートなどのトグルボタンもドール用が販売されています。

ビーズ

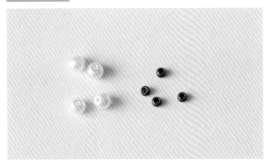

ボタンの代わりに丸小ビーズや特小ビーズを使うことがあります。ダミーボタンとしてビーズを付ける以外に、3mm サイズのパールビーズは、あき部分を閉めるために糸ループとセットで使います。

バックル、カン類

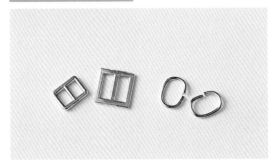

左はバッグのひもを通したりベルトにしたりするドール用のバックルです。大きさや仕様がさまざまなので、好みのものを使います。右はアクセサリーパーツに使われる C カンです。C カンや丸カンはバッグやベルトを通したり装飾として使います。

ホットフィックス

アイロン接着できる半円状の装飾パーツです。さまざまな種類やサイズがありますが、ドール用には 2 ～ 3mm サイズのものをデニムのリベットやダミーボタンとして使います。

ゴムテープ

4 コールの平ゴムをウエストゴムとして使います。4 コールは 4 本のゴム糸を並べたもののことで、本数が多くなるほど幅が広くなります。4 コールは 3mm 幅くらいです。

ひも類

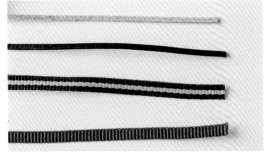

幅 2 ～ 5mm ほどのひも、織りテープ、リボンがあると便利です。ひもはダッフルコートのボタンに通して、テープはバッグの肩ひも、リボンは装飾用のリボンとして使います。

縫い方の基本

基本的に洋服作りはミシンを使用しますが、手縫いで縫っても問題ありません。
パーツを付けたりしつけをかけたりと手縫いが必要な部分もあります。基本的な縫い方を解説します。

玉止め　指で作る方法

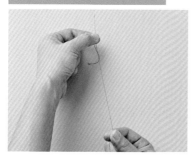  

1 針に糸を通し1本取りにします。片手で糸が抜けないように針穴と糸、もう片手で糸端を持ちます。

2 糸端を人差し指に1回巻き付け、人差し指と親指で糸をはさんでクルクルとよじりながら人差し指を抜きます。

3 よじった頭をはさんだまま糸端まで引くと結び目ができます。

玉止め　針で作る方法

1 針に糸を通して1本取りにします。人差し指に針先を重ね、糸端をはさみます。

2 糸端をおさえたまま針先に糸を2回巻き付け、糸を下ろして巻いた糸を糸端の位置にまとめます。

3 人差し指と親指ではさんで針を抜けば、糸端に結び目ができます。

玉結び

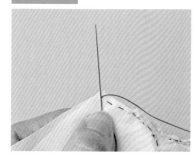 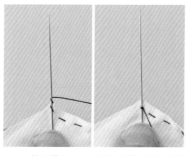 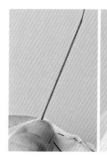

1 針で作る玉止めと同じ要領です。端まで縫ったら手前側に針を出し、縫い目の最後に針を重ねて合わせます。

2 針が動かないように人差し指と親指でおさえ、針先に2回糸を巻きます。糸を下ろして最後の縫い目に緩まないように合わせます。

3 巻いた部分を人差し指と親指ではさみ、針を抜きます。これで玉結びができました。

しつけ

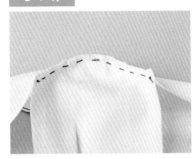

手縫い糸を使います。しつけをかけたい部分の2枚を重ねて出来上がりよりも1～2mm 縫い代側を縫います。針目の間隔は3～5mm です。

ミシン縫い

縫い目の長さは1～1.5mm です。必ず縫い始めと縫い終わりでは2、3目返し縫いをします。基本は90番手の糸に9号の針で縫いますが、少し厚地の場合は60番手の糸に11号の針を使います。厚手でも繊細に仕上げたいステッチなどは90番手の糸に11号の針を使います。

手縫い

ミシンで縫うことを基本としていますが、手縫いで縫っても問題ありません。
手縫いの場合は本返し縫いで縫うと丈夫できれいに仕上がります。

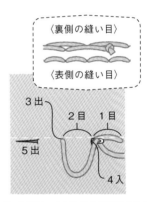

〈裏側の縫い目〉

〈表側の縫い目〉

▶ 本返し縫い

1 縫い始めからひと目先に針を出して(1出)、縫い始めに戻って針を入れます(2入)。

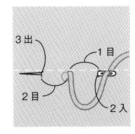

2 次に2目先に針を出します(3出)。

3 1目戻って1出の位置に針を入れ(4入)、2目先に針を出します(5出)。これをくり返します。
表から見ると針目がミシンのようにつながって見え、裏から見ると2目の長さの針目が1目ずつずれて重なります。

▶ なみ縫い（ぐし縫い）

なみ縫いは手縫いの基本の縫い方です。針目の間隔は3～4mmです。なみ縫いとぐし縫いは同じですが、より針目の短い方をぐし縫いと言うことがあります。

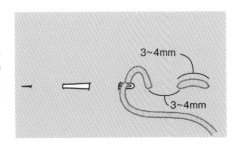

型紙の作り方

型紙をコピーするか写して使用してください。

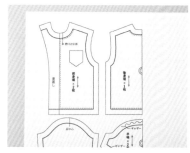

1 必要な型紙を用意します。拡大率の
ある場合は、指定の％に拡大してく
ださい。

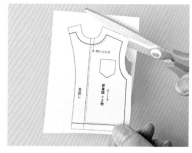

2 パーツごとに大まかにカットし、いち
ばん外側の線に沿って切り取ります。

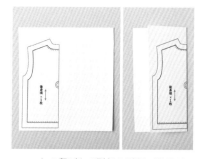

3 わの印がある型紙は型紙が半分だけ
掲載されているので、わの印で外表
に折ります。

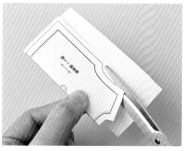

4 ずれないようにしっかりと持って外側
の線に沿って切り取ります。

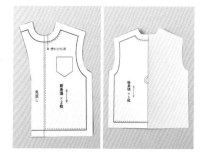

5 型紙が完成しました。わの印のある
型紙は開いて使います。

布に印を付けてカットする

型紙ができたら、布に印を付けます。形の印だけでなく位置の印なども必要です。
形以外の印はその都度型紙を合わせて書き込んでもかまいません。

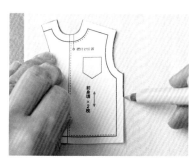

1 フェルトを敷き、その上に布を重ねる
と布がずれずに印を付けやすくなりま
す。布に型紙を合わせて形の印を付
けます。

2 外側の形は縫い代を含んだサイズで
す。内側の実線が出来上がり線にな
ります。手縫いの場合は出来上がり
線を写す必要がありますが、ミシン縫
いの場合はミシンのガイドに沿って縫
うので印を付ける必要はありません。

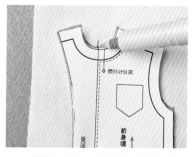

3 型紙を合わせて中心線、襟付け位置
の印を付けます。

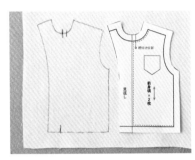

4 印は線の外側でなく、内側に付けてください。

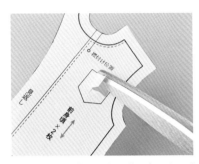

5 ポケット位置の印の付け方です。ポケット位置に切り込みを入れて切り抜きます。

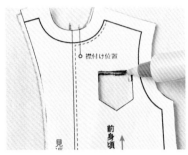

6 ポケットを切り抜いた身頃の型紙を布の印に合わせ、ポケット口の印を付けます。

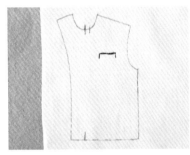

7 ポケットは位置が分かればいいので、形全体を写す必要はありません。

8 手縫いの場合やミシンでもガイドに沿って縫うのが難しいときは縫い線の印を付けます。定規で 5mm の縫い代幅を測って印を細かく付け、印同士を結びます。

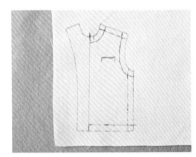

9 型紙と同様に印が付きました。

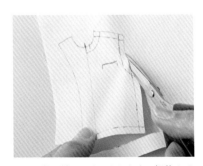

10 印に沿ってカットします。何枚かのパーツをまとめて印を付けた場合は、パーツごとに大まかに切り分けてから1枚ずつカットします。

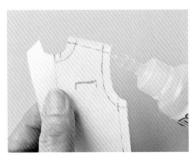

11 布端にほつれ止め液を付けます。少量ずつ塗り、縫い代の幅から液が本体に染み出さないようにしてください。大きなパーツの場合は、紙の上に置いて塗ります。

12 紙の上で乾かします。人間の服は布端にロックミシンをかけますが、ドール服は小さいので厚みが出ないようにほつれ止め液を使います。

縫い代の処理

パーツによって縫い代の処理のしかたが変わります。処理をきれいにすることで出来上がりにも差が出ます。

割る

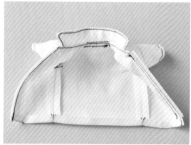

縫い代を割って平らにし、表から見たときに段差が出ないようにします。アイロンで縫い代をおさえてしっかり開きます。

片倒し

縫い代を割ることで逆に表から見たときに響きそうな場合や、片倒しにしたほうがデザイン的によい場合は片倒しにします。縫い代を倒してからステッチでおさえる場合もあります。

切り込みを入れる

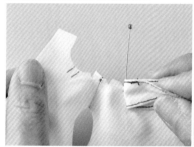
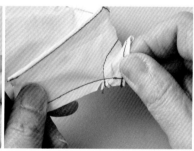
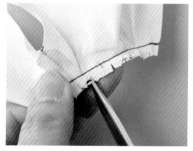

襟ぐりなどのカーブ、肩や脇の下の縫い目の両側など布がつれないように切り込みを入れます。

切り込みは縫い目の手前までしっかり入れます。

カットする

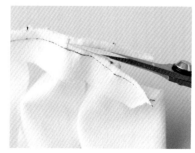

急なカーブや小さなパーツは切り込みだけだと、表に返したときに布が余って重なり、きれいにならない場合があります。縫い代を三角形にカットして隙間を作ることですっきりさせます。また襟などの角をきれいに出すために、縫い代をなるべく狭くカットします。切りすぎるとほつれる可能性があるので、ほつれ止め液などを塗っておいてもよいでしょう。

布でくるむ部分の縫い代は、幅を調整するためにカットする場合があります。5mmの縫い代を3mm幅にしたいときは、縫い代を半分の幅にカットします。

よく使う手法とポイント

便利に使えてきれいに仕上げるためのポイントです。

接着剤で仮止め、止める

ボンドはたくさん出さずに少しずつ付けます。細いノズルの容器が便利です。

襟を付ける部分はカーブなので、接着剤で襟ぐりに襟を仮止めしておくと縫いやすくなります。

紙と縫う

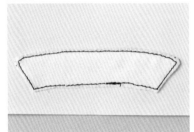

接着剤を付けた後はアイロンでおさえて接着します。アイロンでおさえることでしっかりと接着します。

1 布端のステッチや小さなパーツは紙の上に置いて紙ごと縫うことで、手でおさえられる面積が増え、縫いやすくなります。

2 紙の繊維の向きに沿って縫います。繊維に沿って縫うことで紙を破って外しやすくなります。縫い目に沿って破き、そっと紙を外します。

水で形を付ける

1 フレアやギャザースカートの広がりを抑え、きれいに整えます。霧吹きで水を全体に付けます。

2 そっと握って広がりを抑えます。形を整えてそのまま乾かします。襟などの形を付けたい部分にも水を使います。

ほつれ止め

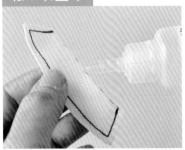

45 ページのように縫う前のパーツに付けるだけでなく、襟のように縫ってから付ける場合もあります。布端の処理として付けるということでは同じです。

襟ぐり、袖ぐりの見返しの処理

襟や袖がないデザインには、見返しを付けて縫い代を処理します。
分かりやすいように黒いチュールを使っていますが、実際に作るときは白や布の色に合ったチュールを使ってください。

襟ぐりと袖ぐりに一緒に付ける

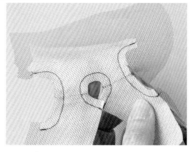

1 身頃に大きめに四角くカットした見返し（チュール）を中表に重ね、襟ぐりと袖ぐりを縫います。

2 身頃の襟ぐりと袖ぐりに合わせて余分なチュールをカットします。襟ぐりは襟ぐりまで切り込みを入れてカットします。

3 襟ぐりと袖ぐりの縫い代の切り込みを入れます。

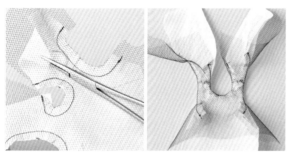
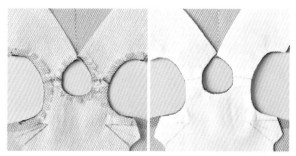

4 身頃と見返しの間から鉗子を入れ、肩を通して後ろ身頃の端をつまんで表に返します。後ろ身頃の両方とも表に返すと、丸まった状態になります。

5 目打ちでカーブを整えてアイロンをかけておさえます。襟ぐりと袖ぐりの切り込みが開き、つれずにきれいに形ができます。

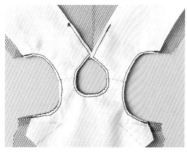
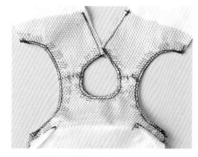

6 見返しをステッチでおさえます。袖ぐりと後ろあきから襟ぐりに、端から1mmくらいの位置にステッチをかけます。

7 余分な見返しをカットします。

袖ぐりのみに付ける

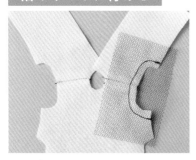

1 身頃の袖ぐりに大きめにカットした見返し（チュール）を中表に重ね、袖ぐりを縫います。

2 袖ぐりに合わせて余分なチュールをカットし、縫い代に切り込みを入れます。

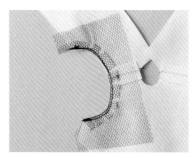

3 表に返して目打ちでカーブを整え、アイロンでおさえます。袖ぐりから1mmくらいの位置にステッチをかけて見返しをおさえます。

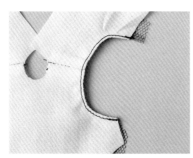

4 表から見たところ。反対側の袖ぐりも同様に見返しを付けます。襟ぐりに襟を縫い付けてから余分なチュールをカットします。

襟ぐりのみに付ける

襟ぐりも袖ぐりと同様に付けます。最後は余分な見返しをカットしておきます。

ギャザーの寄せ方

布を縫い縮めて細かなひだを作ります。ミシンで縫う方法を紹介しますが、手縫いでも同様です。

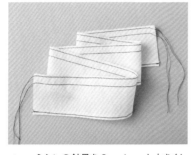

1 ミシンの針目を3〜4mmと大きくします。出来上がり位置の上下、縫い代に1本と本体部分に1本ミシンステッチをかけます。縫い始めと終わりの糸は長く残しておきます。

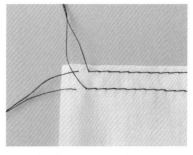

2 縫い終わりの最後の縫い目の下糸をすくい、引き出します。上糸と下糸が同じ方向に出ている状態にします。

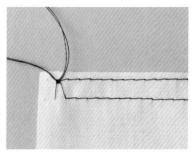

3 上下の糸に分けて2本をそろえて持ち、上下で固結びをします。

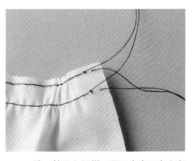

4 縫い始めも同様に同じ方向に糸を出し、下糸だけを引き絞ると自然にギャザーが寄ります。好みの長さにギャザーを寄せます。

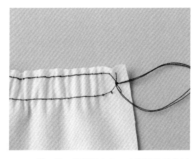

5 ギャザーを寄せたら、上下に糸を分けて固結びします。

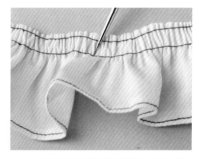

6 目打ちでひだを均等に整えます。ギャザーができました。

7 パーツを縫い合わせたら本体側のミシンステッチのみを目打ちで引き出し、両端をカットして抜きます。

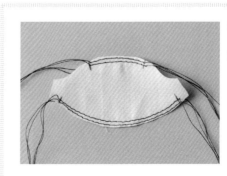

袖のギャザーも作り方は同様です。袖の場合は、縫い代に2本ミシンステッチをかけて引き絞ります。

タックの寄せ方

布をつまんでひだを寄せます。スカートやパンツのウエスト、袖口によく使います。

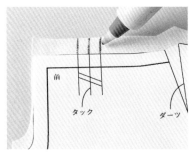

1 パーツにカットした布に型紙を重ね、位置を合わせてタックの印を付けます。

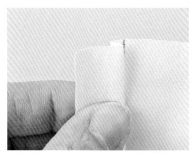

2 型紙のタックの斜め線に合わせてたたみます。中心の印で谷折り、斜め線の高い方の印を山折りにして低い方の印の上に重ねます。アイロンでおさえてしっかり形を付けます。

ダーツの縫い方

体型に合わせた立体感を出すために、三角形につまんで縫います。ウエストやバスト位置に使います。

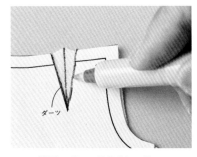

1 型紙のダーツ部分を切り取り、パーツにカットした布に型紙を重ねて位置を合わせて印を付けます。

2 中心の印で中表に折り、印を合わせてまち針でとめます。

3 合わせた印の上を縫います。ここが出来上がり線です。

4 縫い代を片倒しします。倒す方向に決まりはないので表から見た目のよい方向に倒します。左右のパーツで倒す方向をそろえます。

ポケットの作り方

パッチポケットの作り方です。簡単でどのアイテムにも使いやすいポケットです。

基本のパッチポケット

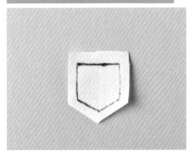  

1 ポケットの型紙を合わせて出来上がり線を引きます。縫い代は 3 ～ 5mm ほどです。

2 ポケット口の縫い代を折って接着剤ではり、ステッチをかけます。次に底を順番に折ってはり、最後に両端を折ってはります。

3 ポケット付け位置に合わせてはり付け、口を残して両端と底を縫えば完成です。

フラップ付きポケット

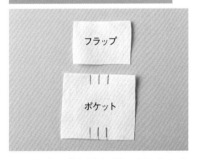

フラップ

ポケット

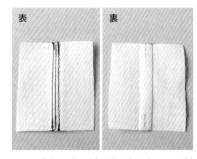

表　　　　　裏

1 フラップ（ふた）とポケットのパーツを用意します。ポケットはタック入りのタイプです。カーゴパンツなどに使用します。

2 両端の印で外表に折り、折り目の端にステッチをかけます。

3 中心の印で折り目を突き合わせて折り、アイロンでおさえて形を付けます。裏から見るとこのようになっています。

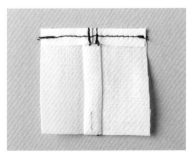 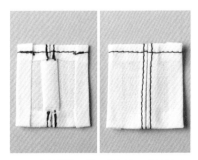 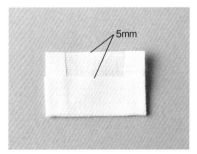

5mm

4 ポケットの口の縫い代を折り、接着剤ではってステッチをかけます。

5 底と両端の縫い代を折ってはります。これでポケット部分ができました。

6 フラップを作ります。下のポケットより小さくならないように、両端を折ってはります。下側を上の縫い代 5mm（11cm サイズは 3mm）を残して折ってはります。

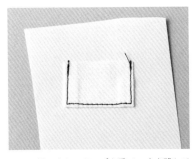

7 紙の上にフラップを乗せ、上を残して3辺にステッチをかけます。紙から外します。

8 フラップを付けたい位置にフラップを中表に合わせて5mm（11cmサイズは3mm）の縫い代の位置を縫います。

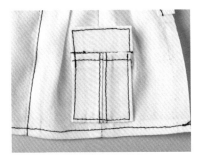

9 フラップの縫い目の下にポケットの口を合わせ、両端と底を縫います。

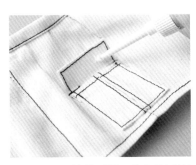

10 フラップを折り返し、接着剤を付けてポケットにはり付けます。

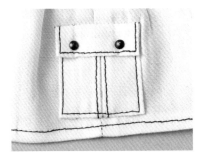

11 好みでホットフィックスなどの飾りを付ければ完成です。

フラップのみのポケット

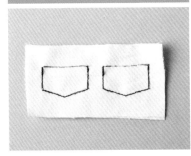

1 2枚を中表に合わせて上側を残して縫います。

2 縫い代3mmでカットし、角と上側にほつれ止め液を付けます。角は三角にカットします。

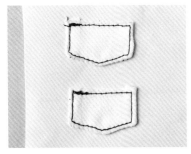

3 表に返して角をきれいに出してアイロンで整え、紙に乗せて周囲にぐるりとステッチをかけます。あとはフラップ付きポケットの*8*～*10*と同様です。

あきの処理のしかた

着せやすく、かさばらない処理のしかたです。いくつかのパターンを好みで選びます。

面ファスナー　前あき（ブラウスなど）

1　前を閉じたときに上になるほう（ここでは右上）の見返しに面ファスナーのメスを接着剤で仮止めします。

2　裾～襟ぐり～反対側の裾にぐるりとステッチをかけます。面ファスナーも一緒にステッチでおさえます。

表　　裏

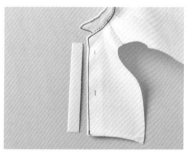

3　反対側の身頃に5mm幅（11cmサイズは3mm幅）で印を付け、面ファスナーのオスを用意します。

4　印に面ファスナーの端を合わせて縫います。面ファスナーが少し飛び出ています。これで完成です。

面ファスナー　突き合わせの後ろあき、面ファスナーが持ち出しになる（ブラウス、カットソー、スウェットなど）

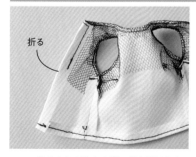
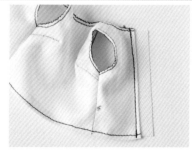

折る

1　後ろあきの片方の縫い代を折ります。

2　面ファスナーのオスを後ろあきから6～7mmほど出るように重ねて縫います。紙に重ねて縫うと縫いやすいです。

3　反対側の後ろあきの縫い代を折り、面ファスナーのメスをぴったり重ねて縫います。

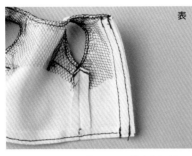 表 裏

4 面ファスナーをしっかり付けるために、もう1本ステッチをかけます。これで完成です。

面ファスナー 後ろあき、持ち出しに付ける (スカート、パンツ)

 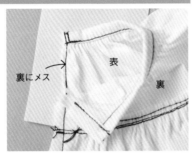 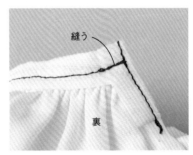

1 あき部分の折り込んでいないほうの縫い代に面ファスナーのオスを重ねて縫います。縫い代は5mmなので面ファスナーが飛び出る状態です。

2 反対側の折り込んであるあき部分に、面ファスナーのメスを重ねて縫います。折り目から面ファスナーが出ないようにします。

3 ウエストベルトのステッチに合わせて、面ファスナー部分を横に縫っておきます。これで完成です。ウエストベルト付けから持ち出しの縫い方は113ページの基本のストレートパンツの作り方参照。

ホック 前あき (カーディガンなど)

1 前身頃の片方の端にボタンを付けます。詳しい仕立ては96ページのカーディガンの作り方を参照してください。

2 いちばん上と下のボタンの裏側にスプリングホックのオスを縫い付けます。反対側にはホックと位置を合わせて糸ループを作ります。

あきの処理のしかた

ホック　後ろあき、持ち出しに付ける（スカート、パンツ）

1 116ページを参照してウエストベルトを付けます。後ろ側を中表に合わせてまち針でとめます。

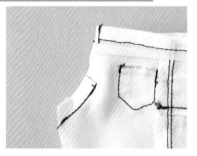

2 あき止まりまで縫い、切り込みを入れます。これで持ち出しができました。

3 仕立て終わったら最後にホックと糸ループを付けます。上になる側にホックを付け、着せたいドールのウエストサイズに合わせて位置を決め、下側に糸ループを作ります。

ホックの付け方

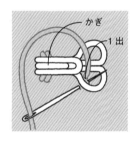

1 かぎ部分を2～3回縫いとめて固定します。

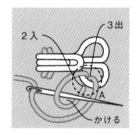

2 ホックのわの内側部分に針を出し、1針縫って再度内側に針を出します。1針目の糸を引き切らずに輪にして針を通し、引き抜きます。

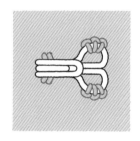

3 ホックに沿ってこれをくり返して3～4目ずつ縫いとめます。

糸ループとボタン　後ろあき、突き合わせのあき（カットソー、スウェット、ワンピース）

1 後ろあきの縫い代をあき止まり位置に向かってなだらかに折って接着剤で仮止めし、端にステッチをします。左右とも同様に縫います。

2 あき止まりから下を中表に合わせて縫います。

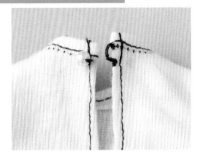

3 表に返して片方の端に糸ループ、もう片方に位置を合わせてボタン風にビーズを付けます。ループをビーズに引っ掛けてあきをとめます。

糸ループの作り方

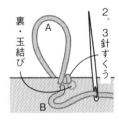

1 裏から針を出して布を2、3針すくい、糸をとめ付けます。裏から表に針を出し、わ（A）を作ります。

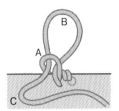

2 図のようにしてAのわにBの糸を通し、引き絞りながらわを作ります。

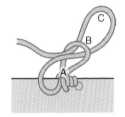

3 続けてBのわにCの糸を通し、わを作ります。これをくり返して鎖編みを作ります。

4 ビーズやホックが通る長さまで鎖編みを作ります。緩やかな山を作ってしっかりと布にとめ付けます。

ボタン風ビーズの付け方

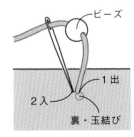

1 裏から針を入れてビーズを通し、針を出したきわに針を入れます。

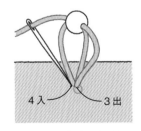

2 同様にもう一度ビーズに通してとめ付けます。

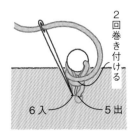

3 表に針を出し、ビーズに通した糸に2回糸を巻き付け、糸の根元に針を入れて裏で玉止めをします。

27cm ／ Model：momoko

トップス

Tops

ブラウスの前あきと後ろあき、カットソー、スウェットの4種類です。
ブラウスは袖や襟を変えるだけでさまざまなバリエーションが作れるので、
掲載の形だけでなく組み合わせて楽しんでください。

前あきブラウスの分類

前をボタン（面ファスナー）でとめる、袖と襟の付いた形です。袖、襟、ポケットでバリエーションを出す以外に、
ビッグサイズで肩が落ちて着るデザインのドロップショルダーと人気のセーラーカラーを紹介します。

基本のブラウス　　How to make > P.62

いちばんシンプルな、フラットカラー角の半袖ブラウスを基
本にして解説します。ポケットは好みで付けてください。す
べての身頃の作り方、袖の作り方と付け方、襟の作り方と
付け方の基本になります。

襟違い　身頃の形は基本と同じで襟の形が違います。襟の形によって付け位置が変わります。

フラットカラー丸
襟の形が丸いタイプ。
作り方は基本と同じです。

台襟付き
襟を形作ったり立たせるための
土台部分が付くタイプ。
How to make > P.67
※11cmはありません。

開襟
襟を開いて着るタイプ。
How to make > P.69

スタンドカラー（バンドカラー）
襟の折り返しがない
立ち襟タイプ。
How to make > P.67

ボウカラー
襟のボウタイを前で結ぶタイプ。
How to make > P.68
※11cmはありません。

セーラーカラー　How to make > P.74

身頃と襟が大きく違い、袖が同じです。
付け方は基本的に同じです。

途中までの前あきのVネックに大きな四角い襟が付くタイプ。
前あきですが、ほかのブラウスとは型紙も作り方も違います。

袖違い

身頃の形は基本と同じで袖の形が違います。付け方は基本的に同じです。

パフスリーブ長袖

袖口と袖ぐりに
ギャザーを寄せた
長袖のパフスリーブ。

長袖

袖を長くした形、
袖口にタックと
カフスが付きます。
How to make > P.72

パフスリーブ半袖

袖口と袖ぐりに
ギャザーを寄せて
ボリュームを出したタイプ。
How to make > P.70

ドロップショルダー

身幅が広くゆったりした
オーバーサイズの服が多く、
肩の位置を落としたデザイン。
身頃の形と袖の付け方が違います。
How to make > P.73

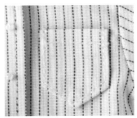

オプション

ポケット

ポケットの形は四角やベース形が一般的。また
はフラップだけを付けてポケットがあるように
見せるタイプもあります。
How to make > P.52

基本のブラウスの作り方

基本の前あきの身頃に四角い襟、シンプルな半袖ブラウスです。

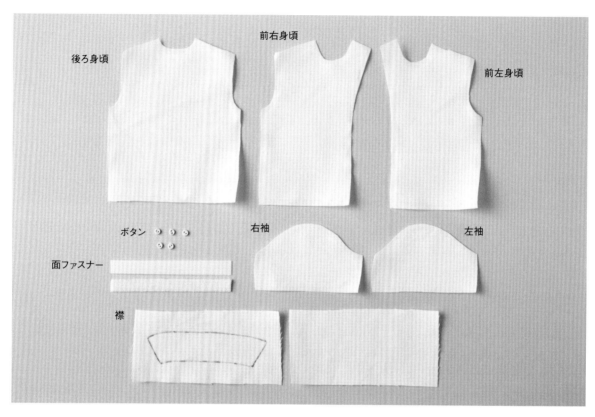

後ろ身頃　前右身頃　前左身頃

ボタン　右袖　左袖

面ファスナー

襟

用尺

22cm：コットン生地 10cm × 33cm　ボタン（ビーズ）5 個　面ファスナー適量
27cm：コットン生地 13cm × 35cm　ボタン（ビーズ）5 個　面ファスナー適量
11cm：コットン生地 7cm × 23cm　ボタン（ビーズ）4 個　面ファスナー適量

1 パーツをカットして、周囲にほつれ止め液を塗っておきます。襟は四角く粗裁ちした生地に出来上がり線を印しておきます。印は 1 枚のみでかまいません。

2 襟を縫います。2 枚を中表に合わせ、襟ぐり部分（返し口）を残して印に沿って縫います。

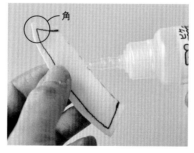

角

3 縫った部分は縫い代 3mm ほどを残し、襟ぐりは型紙に縫い代が付いた状態なので裁ち切りでカットします。襟ぐりと角にほつれ止め液を塗り、乾かします。

4 前身頃と後ろ身頃を中表に合わせて肩を縫います。縫い代は 5mm（11cm サイズは 3mm）です。

5 肩の縫い代を割ってアイロンでおさえ
ます。

6 襟のほつれ止め液が乾いたら角の縫
い代をカットします。角を三角にカッ
トし、角に向かって周囲1cmぐらい
を薄くします。

7 襟を表に返し、角に目打ちを入れて出
します。縫い代を薄くカットしている
ので角がきれいに出やすくなります。
アイロンをかけて整えます。

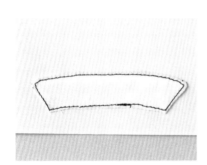

8 紙の上に襟を乗せ、端から1mmあた
りにステッチをかけます。小さなパー
ツは紙と一緒に縫うことで動かしやす
く、布がかまなくなります。

9 縫い目に沿って紙を破ります。縫い目
が伸びないようにそっと外します。

10 襟と後ろ身頃の中心、前身頃の見返
しと襟付け位置の印を付けます。襟
と後ろ身頃中心は半分に折って印を
付けます。

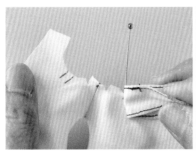

11 襟ぐりの縫い代に切り込みを入れます。肩の両側と中心に切り込みを入れること
で、襟端と身頃の襟付け位置が合います。後ろ身頃の中心と襟の中心を合わせ
てまち針でとめます。

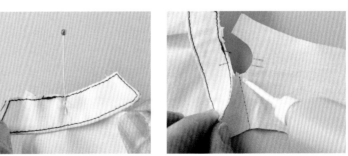

12 襟ぐりに接着剤を付けて襟を仮止め
します。印と襟端をきちんと合わせて
ください。

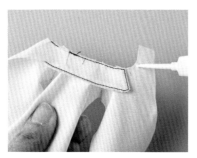

13 身頃の見返しの縫い代に接着剤を付け、印で中表に折って襟に見返しを仮止めします。

14 左右の見返しを仮止めするとこのような状態になります。

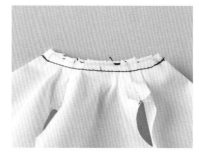

15 襟ぐりを縫います。肩部分が折りたたまれたりつれやすいので、肩側を見ながら縫います。袖ぐりを持ち、引っ張るようにして身頃がつれないように縫います。

16 裾側も見返しを印で中表に折って縫います。

17 襟ぐりの縫い代に切り込みを入れます。先に入れた切り込みとその間で、合計8か所くらいです。

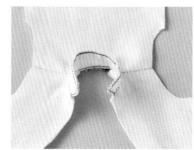

18 見返しと襟を表に返してアイロンで形を整えます。襟ぐりにしっかりアイロンをかけて襟を立ち上げます。

19 前端に面ファスナーを付けます。前をとじたときに上になるほう(ここでは右上)の見返しにメスを接着剤で仮止めします。裾と襟元は2mmほどあけます。

20 裾〜襟ぐり〜反対側の裾にぐるりとステッチをかけます。面ファスナーも一緒にステッチでおさえます。

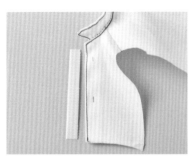

21 反対側の身頃に5mm（11cmサイズは3mm）幅で印を付け、面ファスナーのオスを用意します。

22 印に面ファスナーの端を合わせて縫い付けます。面ファスナーが少し飛び出た状態です。

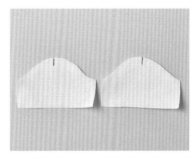

23 袖を作ります。左右とも肩中心の印を付けます。

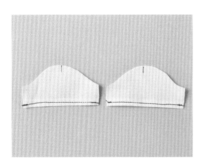

24 袖口の縫い代を折って縫います。

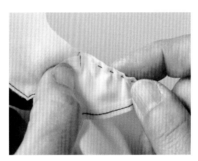

25 身頃の袖ぐりと袖を中表に合わせ、ややいせ込みながら中心と端を合わせてしつけをかけます。

26 しつけで仮止めするとこのような状態になります。

27 縫い代5mm（11cmサイズは3mm）で縫います。袖側を見ながら袖と身頃ともに平らな状態で縫います。最後はずれやすいので端をきちんと合わせてから縫います。

28 袖のしつけを取り、縫い代を袖側に倒してアイロンをかけて整えます。

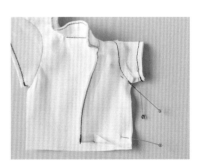

29 前身頃と後ろ身頃の脇、袖下をそれぞれ中表に合わせてまち針でとめます。裾はのばして合わせます。

30 袖下から脇を縫います。裾は折っている部分をのばして縫います。

31 両側とも縫えました。

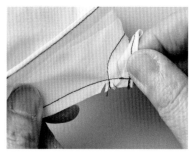

32 脇下の袖側と身頃側にそれぞれ切り込みを入れます。こうすることで脇がつれなくなります。

33 表に返して脇の縫い代を割り、裾の縫い代を折ってアイロンでおさえて形を付けます。

34 裾に1mmほどでステッチをかけます。

35 ボタン付け位置の印を襟元から等間隔で付けます。ここでは1.2cm間隔です。

36 ボタンを付ければ完成です。アイロンをかけて形を整えます。

襟違い　台襟付きの作り方

シャツの襟の形になり、よりきちんと感が出ます。
基本のブラウスと同じ作り方ですが、襟付けの位置が前端からになります。

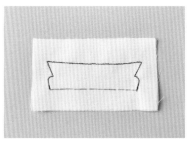

1 襟のパーツ2枚を中表に合わせ、襟ぐり部分（返し口）を残して印に沿って縫います。縫った部分は縫い代3mm、襟ぐりは裁ち切りでカットします。襟ぐりと角にほつれ止め液を塗り、乾かします。

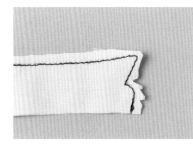

2 角を三角にカットして角に向かって周囲1cmぐらいを薄くします。台襟部分は表に返したときに縫い代が重ならないように三角にカットします。

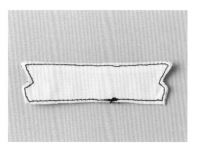

3 表に返して形を整え、端から1mmあたりにステッチをかけます。ステッチをかけるときは紙に乗せて縫います。

4 襟と後ろ身頃の中心、前身頃の見返しに印を付けます。台襟があるので前端から襟が付くことになります。

5 襟ぐりの肩の両側と中心の縫い代に切り込みを入れ、襟端と見返しの位置を合わせます。接着剤で仮止めします。あとの縫い方は基本のブラウスと同じです。

襟違い　スタンドカラーの作り方

基本のブラウスと作り方は同じですが、襟が前端から付きます。

1 襟のパーツ2枚を中表に合わせ、襟ぐり部分（返し口）を残して印に沿って縫います。縫った部分は縫い代3mm、襟ぐりは裁ち切りでカットします。襟ぐりにほつれ止め液を塗り、乾かします。

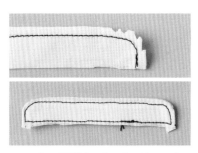

2 カーブ部分を三角にカットして、表に返したときに縫い代が重ならないようにします。表に返して形を整え、端から1mmあたりにステッチをかけます。

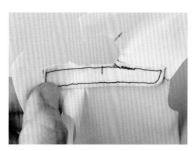

3 襟と後ろ身頃の中心、前身頃の見返しに印を付けます。前端から襟が付きます。あとの縫い方は基本のブラウスと同じです。

襟違い ボウカラーの作り方

襟とボウタイ部分が一体になっています。付け方は基本のブラウスと同じですが、長いボウタイ部分をよけて縫うことに注意してください。

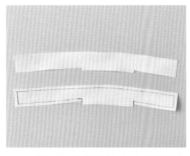

1 襟のパーツを用意します。飛び出た部分は襟ぐりに合わせる 5mm の縫い代です。そのほかの縫い代は 3mm です。

2 2枚を中表に合わせ、縫い代部分を残してぐるりと縫います。角の縫い代は三角にカットして角に向かって周囲 1cm ぐらいを薄くします。

3 縫い代部分の両端の印に切り込みを入れます。

4 縫い代部分から鉗子を入れて布をつまみ、表に返します。反対側のボウタイも同様に表に返します。

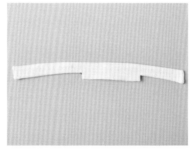

5 角の縫い代をきれいに出してアイロンで整えます。飛び出た部分が襟ぐりに合わせる縫い代です。

6 襟の縫い代と後ろ身頃の中心、前身頃の見返しと襟付け位置の印を付けます。襟と後ろ身頃中心は半分に折って印を付けます。

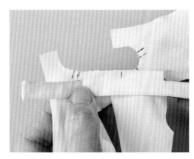

7 肩の両側と中心の縫い代に切り込みを入れ、右側のボウタイが長くなるように襟の縫い代と襟付け位置を合わせます。接着剤で仮止めします。

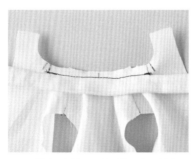

8 襟ぐりを縫います。縫い方は基本のブラウスと同じです。ボウタイ部分と縫い目がまっすぐにつながります。

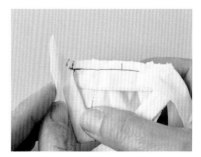

9 見返しの縫い代に接着剤を付け、ボウタイをよけて見返しの印で中表に合わせます。反対側の見返しも同様に付けます。

10 先に縫った襟ぐりの縫い目の上を縫います。ずれないように気をつけてください。

11 基本のブラウスと同様に縫い代に切り込みを入れ、裾を縫って表に返します。襟ぐりにしっかりアイロンをかけて襟を立ち上げます。

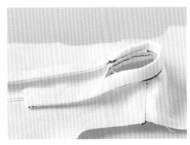

12 基本のブラウスと同様に、面ファスナーを付けて裾〜襟ぐり〜反対側の裾にぐるりとステッチをかけます。襟を折り返して整えます。

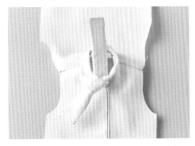

13 右のリボンを左のリボンの下から上に出して結びます。

14 霧吹きで水を付け、落ち着かせます。乾いて形が付けば完成です。

襟違い 開襟の作り方

基本のブラウスとまったく同じ作り方ですが、襟を折る位置が変わります。

1 基本のブラウスと同様に襟と面ファスナーを付けます。襟を開けるので面ファスナーは開けたい位置の下から付けます。

2 着せたいドールに合わせて、襟を開けたい位置で折ります。アイロンでおさえてしっかり形を付けます。

袖違い パフスリーブの作り方

袖ぐりと袖口にギャザーが寄って、ふんわりとした形の袖です。
袖付け自体は基本のブラウスと同じですが、ギャザーの寄せ方と縫い方にコツがあります。

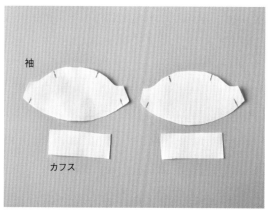

1 袖のギャザー位置に印を付けます。

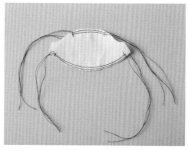

2 ギャザー位置の縫い代部分に大きな針目のミシンステッチを2本入れます。縫い始めと終わりの糸は長く残しておきます。

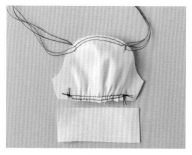

3 50ページを参照してギャザーを寄せます。袖口はカフスに合わせて引き絞ります。長さが合ったら両端の糸を結んで固定します。

4 カフスを外表に横に二つ折りします。

5 袖口とカフスを中表に合わせてまち針でとめます。カフスは折ったわの部分が上、布端が袖口側です。

6 縫い代5mm（11cmサイズは3mm）で袖口を縫います。

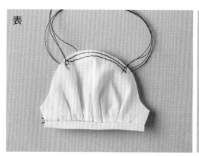

7 カフスをおこして袖側に縫い代を倒します。アイロンでおさえてしっかり倒します。

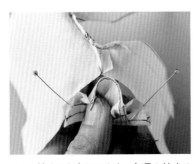

8 袖ぐりを合わせます。身頃の袖ぐり
に袖の両端を合わせ、まち針でとめ
ます。

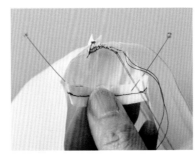

9 ギャザーの糸を引いてギャザーを寄
せ、袖ぐりと袖の長さを合わせます。
合ったら糸を結んで固定します。

10 ギャザーを均等に整えて、袖ぐりにし
つけをかけます。

11 基本のブラウスと同様に縫い代5mm
（11cm サイズは 3mm）で縫います。

表　　　　　　　　　　　　　　　裏

12 袖のしつけを取り、縫い代を袖側に倒してアイロンをかけて整えます。

13 あとは基本のブラウスと同じです。袖
下と脇を縫ってブラウスの形に仕立て
ます。

袖違い 長袖の作り方

長袖のカフス付き袖を作ります。カフス部分以外は基本のブラウスと同じです。

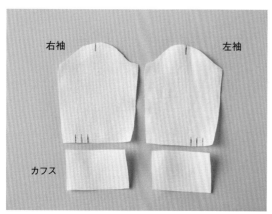

右袖　左袖

カフス

1 袖に肩中央とタックの印を付けます。袖口にタックを寄せるとカフスと同じ長さになります。

2 タックの中央の印で谷折りして左右の印を合わせ、まち針でとめます(51ページ参照)。

3 カフスと袖口を中表に合わせて縫い代8mm（11cmサイズは5mm）で縫います。

4 袖側の縫い代に接着剤を付け、カフスを折り返してはります。折り返したカフスの端は伸ばしたままでかまいません。

5 表側からカフスにぐるりとミシンステッチをかけます。紙に乗せて端から1mmあたりを縫います。これでカフス付きの袖の完成です。

ドロップショルダーの作り方

肩の位置が低いので、袖の型紙の袖ぐりがまっすぐの形になります。
袖山がないので袖付けが簡単です。

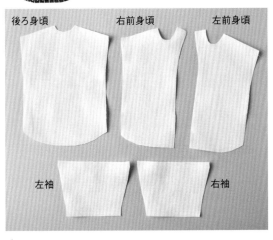

後ろ身頃　右前身頃　左前身頃

左袖　右袖

用尺

22cm：コットン生地 10cm × 33cm
　　　　ボタン（ビーズ）5個　面ファスナー適量
27cm：コットン生地 13cm × 35cm
　　　　ボタン（ビーズ）5個　面ファスナー適量
11cm：コットン生地 7cm × 23cm
　　　　ボタン（ビーズ）4個　面ファスナー適量

1 パーツをカットします。ここでは襟とカフスを省略しています。襟の付け方は基本のブラウス、カフスは長袖の作り方と同じです。

2 前身頃と後ろ身頃の肩を縫い、袖付け位置の印を付けます。袖には肩中央と縫い代の位置の印を付けます。

3 身頃と袖の印を合わせて中表に重ね、縫い代の印から印まで縫います。布端まで縫い切らないように注意してください。

4 表に返して縫い代を袖側に倒します。

5 袖を中表に合わせて袖下を縫います。袖口から脇下の縫い代の印まで縫います。基本のブラウスは袖下から身頃の脇を続けて縫いますが、ここでは袖下だけで縫いとめます。

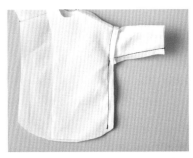

6 次に前身頃と後ろ身頃を中表に合わせ、脇下の印から裾まで脇を縫います。袖ぐりの縫い代を縫い込まないように注意してください。

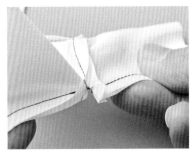

7 袖下と脇を続けて縫わないので、縫い代が分かれているのでつれません。基本のブラウスもこのように縫うこともできますが、一気に縫って切り込みを入れたほうが楽です。

8 表に返してアイロンをかけて整えます。ほかの縫い方は基本のブラウスと同じです。

セーラーカラーブラウスの作り方

袖の付け方、袖下と脇の縫い方は基本のブラウスと同じです。

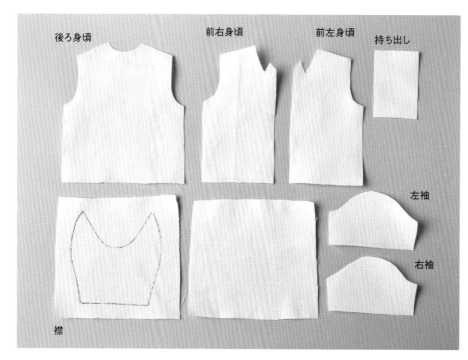

後ろ身頃　　前右身頃　　前左身頃　　持ち出し

左袖

右袖

襟

1

パーツをカットして、周囲にほつれ止め液を塗っておきます。襟は四角く粗裁ちした生地に出来上がり線を印しておきます。印は1枚のみでかまいません。

用尺

22cm：コットン生地 10cm × 38cm　ボタン（ビーズ）1個
27cm：コットン生地 12cm × 38cm　ボタン（ビーズ）1個
11cm：コットン生地 7cm × 27cm　ボタン（ビーズ）1個

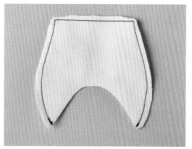

2

基本のブラウスと同様に襟を縫ってカットします。表に返して形を整えます。

3　好みで飾りを付けます。リボンを付ける場合は、リボンの裏に接着剤を付けてアイロンでおさえて仮止めします。

4　角の部分は丸くならないように、リボンを三角に折って角を出すときれいです。

5　仮止めしたらリボンの中央にミシンステッチをかけます。

6　基本のブラウスと同様に、前身頃と後ろ身頃を中表に合わせて肩を縫います。襟と後ろ身頃の中心、前身頃の見返しと襟ぐりの縫い線を少しだけ印を付けます。

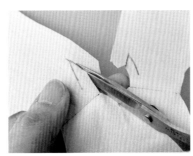

7　見返しの印に切り込みを入れます。

8　襟と身頃の後ろ中心、襟の縫い線の端と見返しの印をそれぞれ合わせて接着剤ではります。

9　見返しを中表に折り返し、接着剤ではります。印で切り込みを入れているので襟先が見返しにはさまる形になります。

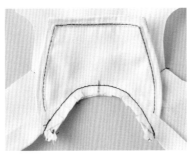

10　襟ぐりを縫い、縫い代に切り込みを入れます。切り込みは中心から左右にそれぞれ5か所ずつくらいです。

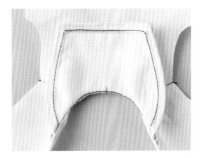

11　見返しを表に返して襟ぐりの縫い代を裏に折り、アイロンでおさえて整えます。

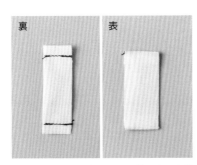

12　持ち出しを作ります。持ち出しを縦に中表に合わせて上下を縫い、表に返します。

13　持ち出しを襟の下の見返しに接着剤で中表に付け、見返しの折り線、7mm（11cmサイズは5mm）の縫い代で縫います。

14　見返しを表に返します。これで襟の下に持ち出しが付きました。

15 左右の前身頃を中表に合わせ、持ち出しから下の中心を縫います。表に返して縫い代を割ります。

16 襟の後ろから襟ぐり〜前あき〜持ち出しの下〜前あき〜襟ぐりに、ぐるりとステッチをかけます。持ち出しを一緒に縫わないように気を付けてください。

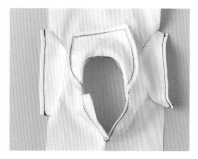

17 基本のブラウスと同様に袖を袖ぐりに付けます。

18 左側の袖と前身頃と後ろ身頃をそれぞれ中表に合わせ、袖下から脇を続けて縫います。脇下の縫い目の左右の縫い代に切り込みを入れます。

19 脇の縫い代を割り、裾の縫い代を折ってぐるりとステッチをかけます。ワンピースにアレンジする場合は、この段階で裾を折らずにスカートを縫い付けます。

20 残った右側の袖と前身頃と後ろ身頃をそれぞれ中表に合わせ、袖下と脇を縫います。脇下の縫い目の左右の縫い代に切り込みを入れます。

21 表に返してアイロンで形を整え、襟の下にボタンと糸ループ（57ページ参照）を付けてとめます。これで完成です。

後ろあきブラウスの分類

後ろあきを面ファスナーでとめるデザインです。バストラインでダーツが入ります（11cmサイズには入りません）。
ノースリーブを基本として襟と袖を付けてバリエーションを出します。ボトムスを組み合わせればワンピースになります。

基本の後ろあきブラウス

How to make > P.78

いちばんシンプルなノースリーブのブラウスを基本にして解説します。
48ページでも解説していますが、襟ぐりと袖ぐりの見返し処理が必要
になります。袖を付ける場合は70ページのパフスリーブの作り方を
参照してください。
※後ろあきブラウスの型紙にはギャザーの入らない袖を付けることは
　できません。

襟違い

身頃の形は基本と同じで襟の形が違います。

フラットカラー角
襟の形が角のあるタイプ。
作り方は丸と同じです。

スクエアカラー
大きめの四角い襟。
作り方は丸と同じです。

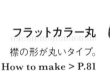

フラットカラー丸
襟の形が丸いタイプ。
How to make > P.81

台襟付き
襟を立ち上げるための
土台が付くタイプ。
How to make > P.82
※11cmサイズはありません。

ワンピースアレンジ

下にスカートかパンツを合わせるか、
丈をのばせばワンピースになります。

基本の後ろあきのブラウスの作り方

袖と襟の付かないシンプルな後ろあきのブラウスです。襟ぐりと袖ぐりは見返しで処理をします。
袖と襟が付くタイプのブラウスを作る場合は、123ページ 2 ~ 4 の工程も参照してください。

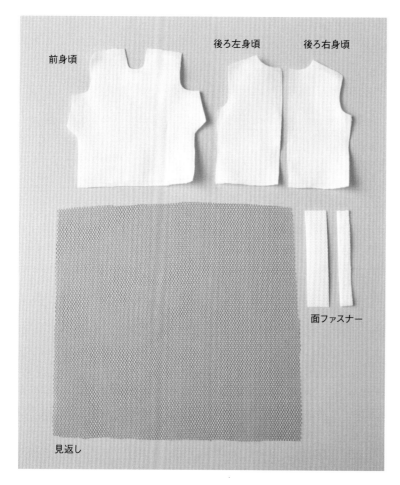

前身頃

後ろ左身頃　後ろ右身頃

面ファスナー

見返し

用尺

22cm：
コットン生地 9cm × 16cm
見返し用チュール生地 10cm × 12cm
面ファスナー適量
27cm：
コットン生地 10cm × 17cm
見返し用チュール生地 11cm × 12cm
面ファスナー適量
11cm：
コットン生地 6cm × 12cm
見返し用チュール生地 6cm × 9cm
面ファスナー適量

1

パーツをカットして周囲にほつれ止め液を塗っ
ておきます。チュールは黒を使っていますが、
実際に縫うときは白や洋服の色に合わせたも
のを選んでください。

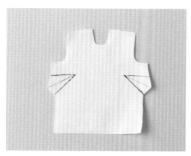

2 前身頃のバストラインにダーツの印を
入れます。印は裏に付けます。

3 前身頃と後ろ身頃を中表に合わせて
肩を縫い、縫い代を割ります。

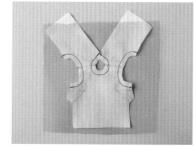

4 身頃に大きめの四角にカットした見返
し（チュール）を中表に重ね、襟ぐりと
袖ぐりを縫います。

5 身頃の襟ぐりと袖ぐりに合わせて
チュールをカットします。襟ぐりは、
襟ぐりまで切り込みを入れてカットし
ます。

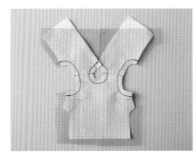

6 襟ぐりと袖ぐりは縫い代に合わせて、
ほかの部分はざっくりと身頃に合わせ
てカットします。

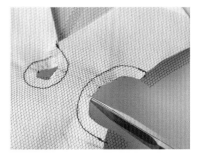

7 襟ぐりと袖ぐりの縫い代に切り込み
を入れます。カーブがきついので細か
めに切り込みを入れます。

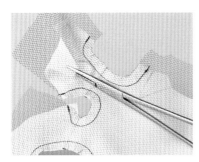

8 身頃と見返しの間から鉗子を入れ、
肩を通して後ろ身頃の端をつまんで
表に返します。反対側も同様に表に
返します。

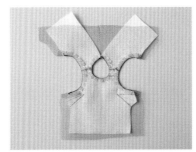

9 目打ちでカーブを整えてアイロンをか
けておさえます。襟ぐりと袖ぐりの切
り込みが開き、つれずにきれいな形
ができます。

10 見返しをステッチでおさえます。袖ぐ
りと後ろあきから襟ぐりに、端から
1mmくらいの位置にステッチをかけ
ます。

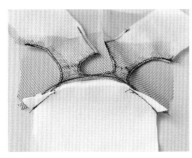

11 チュールをよけてダーツを縫います。
中心の印で中表に折り、両端の印
を合わせて縫います。

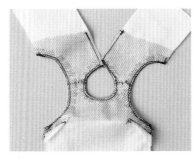

12 余分な見返しのチュールをカットしま
す。

13 前身頃と後ろ身頃を中表に合わせて
両脇を縫います。縫い代はアイロンで
おさえて割ります。

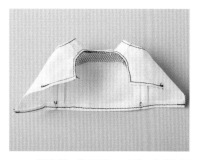

14 裾の縫い代を折り、ステッチをかけます。

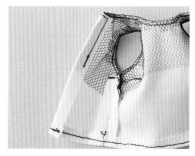

15 後ろあきの片方の縫い代を折ります。

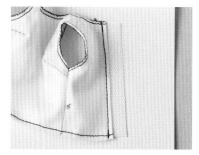

16 面ファスナーのオスを後ろあきから6〜7mmほど出るように重ねて縫います。紙に重ねて縫うと縫いやすいです。

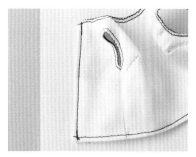

17 反対側の後ろあきの縫い代を折り、面ファスナーのメスをぴったり重ねて縫います。

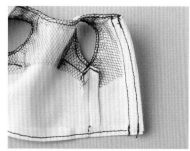

18 面ファスナーをしっかり付けるために、もう1本ステッチをかけます。

19 アイロンをかけて形を整えれば完成です。後ろで突き合わせになった後ろあきのブラウスです。

襟違い フラットカラー付きの作り方

襟の作り方は 62 ページの基本のブラウスと同じですが、後ろあきなので 2 枚に分かれています。
襟の形は違っても作り方は同じです。

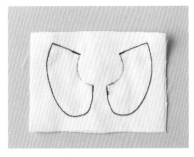

1 四角く粗裁ちした生地の 1 枚に出来上がり線を印しておきます。2 枚を中表に合わせ、襟ぐり部分（返し口）を残して印に沿って縫います。

2 縫った部分は縫い代 3mm ほどを残し、襟ぐりは型紙に縫い代が付いた状態なので裁ち切りでカットしてほつれ止め液を塗り、乾かします。46 ページを参照して縫い代をカットします。

3 表に返して目打ちなどで形を出し、アイロンでおさえて整えます。

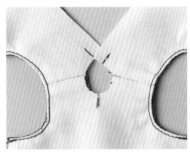

4 襟ぐりの前身頃の中心、後ろ身頃の襟付け位置（縫い代）に印を付けます。

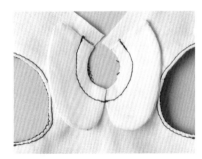

5 襟を印に合わせて重ね、接着剤で仮止めしてから襟ぐりを縫います。

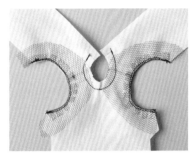

6 ノースリーブの場合は、余分な見返しのチュールをカットします。袖を付ける場合は 70 ページのパフスリーブと同様です。

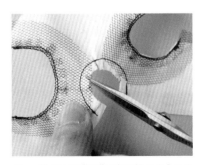

7 襟ぐりの縫い代に切り込みを入れます。前中心、肩の両側、その間の 5 か所ほど（全体で11か所ほど）です。

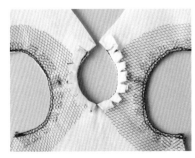

8 縫い代を裏に折り返し、アイロンでおさえます。切り込みを入れているので切り込みが開いてきれいに倒れます。

9 襟をまくった状態で、襟ぐりから1mmくらいの位置にぐるりとステッチをかけて縫い代をおさえます。これで襟付けの完成です。

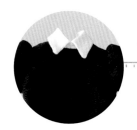

襟違い 台襟付きの作り方

台襟が付くと少しクラシックで、フォーマルな印象になります。

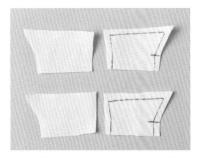

1 襟のパーツが小さいので、縫い線の印を付けておきます。横の印より上が襟部分、下が台襟部分になります。印は1枚だけでかまいません。

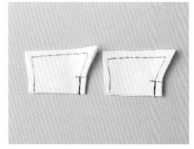

2 2枚を中表に合わせて台襟の部分のみを縫います。

3 2枚を開いて中表に合わせ、襟から反対側の台襟部分を縫います。先に縫った台襟部分は縫い込まないように注意します。片方ずつ縫います。

4 角にほつれ止め液を付けて縫い代をカットします。角を三角にカットし、両側の縫い代を角に向かってそれぞれ薄くカットします。中心の台襟部分の縫い代は割ります。

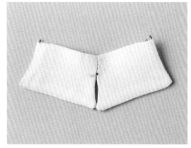

5 表に返して角を目打ちなどで出し、アイロンをかけて整えます。台襟部分はつながり、襟は分かれている状態になります。

6 襟ぐりの中心と後ろ身頃の襟付け位置(縫い代)に印を付け、台襟側を中表に重ねて印を合わせます。接着剤で仮止めしてから縫います。襟の付け方はほかの襟と同様です。

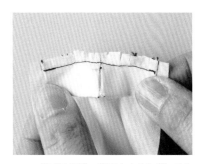

7 襟ぐりの縫い代に左右それぞれ5か所ずつ切り込みを入れます。

8 襟を表に返して縫い代を襟ぐりに沿わせてアイロンで整え、ステッチをかけます。

9 台襟と襟の境目で折り、アイロンをかけて形を整えれば完成です。

カットソーの分類

カットソーとは編み地をカットして仕立てたものの総称です。
種類は幅広く、Ｔシャツ、スウェットなどはカットソーのひとつです。
この本ではＴシャツを基本のカットソーとして、厚地で袖口と裾にリブのあるスウェットは別に解説します。

基本のカットソー　**How to make > P.84**

半袖　　　　　　　　　　　　長袖

ＴシャツとロングＴシャツを基本の形
とします。襟ぐりの形によって細いリ
ブがあるタイプとないタイプがあり、
袖口と裾はリブがありません。後ろの
あきは面ファスナーかボタンと糸ルー
プでとめます。襟ぐりの形は、丸首、
ボートネック、Ｕネックなど、袖の形
は半袖と長袖以外に七分袖、ノース
リーブ、ラグランスリーブがあります。

襟ぐり違い

襟ぐりの形が違い、身頃も
少し細身になっています。

ボートネック
浅く横に広くあいた襟ぐりの形。
Ｕネックも作り方は同じです。
How to make > P.87

Ｕネック
前側に深くＵ字にあい
た襟ぐりの形。作り方
はボートネックや基本
の後ろあきブラウスと
同じです。

袖違い　身頃の形は基本と同じで袖の有無や長さが違います。

ノースリーブ
作り方は 78 ページの
基本の後ろあきブラウスと同じです。
あきの深さが違います。

七分袖
長袖より細身ですが
作り方は同じです。

ラグランスリーブ
襟ぐりから脇にかけて
斜めに袖を付けます。
身頃の形と袖の付け方が違います。
How to make > P.88

基本のカットソーの作り方

シンプルなTシャツで解説します。襟ぐりに細いリブ、後ろにボタンと糸ループか面ファスナーの
あきがあります。ここではボタンと糸ループの仕様にします。

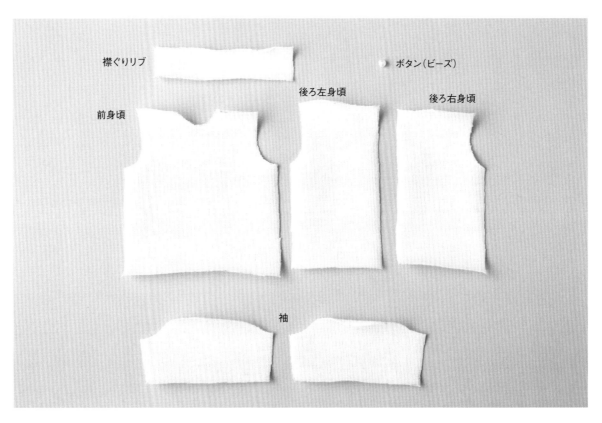

襟ぐりリブ　　　　　　　　　　　　　　　　　　　　　　　　● ボタン（ビーズ）

後ろ左身頃　　　　　　　　　　　後ろ右身頃

前身頃

袖

用尺

22cm：ニット生地 11cm×23cm　3mm ビーズ 1 個（または面ファスナー適量）
27cm：ニット生地 12cm×24cm　3mm ビーズ 1 個（または面ファスナー適量）
11cm：ニット生地 6cm×22cm　面ファスナー適量

1 パーツをカットします。ニット生地なの
で、端が丸まりますがそのままで大丈夫
です。生地がのびやすい場合は、紙に
重ねて縫います。

2 前身頃と後ろ身頃を中表に合わせて
肩を縫います。縫い代は割ってアイロ
ンでおさえます。

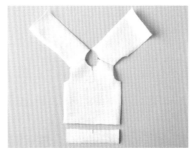

3 襟ぐりリブと前襟ぐりの中心に印を付
けます。

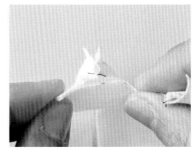

4 リブと身頃の襟ぐりを中表に重ね、
印と端を合わせます。リブの方が短
いので引っ張って合わせます。

5 身頃の襟ぐりにリブを接着剤で仮止めします。

6 縫い代5mm（11cmサイズは3mm）で縫います。

7 リブを細くするために、襟ぐりの縫い代を半分にカットします。11cmサイズは幅をそろえる程度に軽く切りそろえます。

8 リブ側の縫い代に接着剤を付けます。縫い代の幅がリブの幅になります。

9 リブを折り上げて縫い代にはります。

10 身頃側の縫い代にも接着剤を付けます。

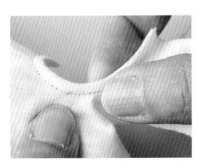

11 表側を見ながらリブを折り、リブの幅を均等にそろえます。

12 写真のように均等なリブになります。

13 紙の上に重ねてリブと身頃の境目より少しリブ側を縫います。リブの上から針目が落ちてしまわないように注意します。

14 裏の縫い代を半分にカットします。

15 袖を作ります。袖口の縫い代を折り、接着剤で仮止めしてステッチをかけます。

16 基本のブラウス（62ページ参照）の*25*と同様に、身頃に袖をしつけで仮止めしてから縫います。ニット生地の場合はいせ込みはしません。

17 袖と身頃をそれぞれ中表に合わせて袖下から脇を続けて縫います。脇下の縫い目の両側に切り込みを入れます。

18 脇の縫い代を割り、裾の縫い代を折って接着剤で仮止めしてからステッチをかけます。

19 後ろあきの縫い代をあき止まり位置に向かってなだらかに折って接着剤で仮止めします。

20 端にステッチをかけます。左右とも同様に縫います。

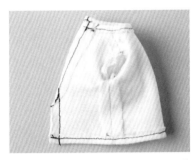

21 あき止まりから下を中表に合わせて縫います。

22 表に返して片方の端に糸ループ、もう片方に位置を合わせてボタン風にビーズを付けます。ループをビーズに引っ掛けてあきをとめます。

23

T シャツの完成です。後ろのあきを面ファスナーにする場合は、54 ページの後ろあきの面ファスナーの付け方を参照してください。

ボートネックの作り方

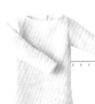

襟ぐりにリブが付かないので見返しで処理します。

1 49 ページを参照して襟ぐりに見返しを付けます。襟ぐりの縫い代全体に切り込みを入れることで、表に返したときに縫い代が広がってきれいに倒れます。

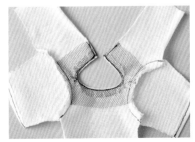

2 袖を付けるときに、見返しのチュールの端も一緒に縫っておさえます。

ラグランスリーブの作り方

襟元から肩にかけても袖のパーツとなるので型紙の形がほかと違いますが、
袖付け以外の作り方は同じです。

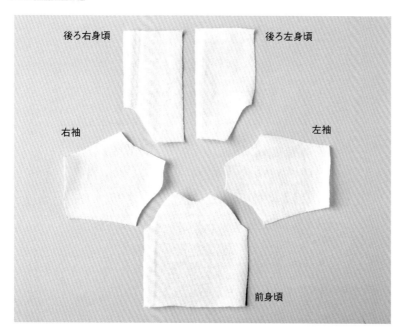

1
身頃と袖のパーツはこのようになっています。位置を間違わないように並べてみると分かりやすいです。

2 前身頃と袖を中表に合わせて、縫います。

3 表に返して縫い代を割ります。

4 反対側の袖も同様に縫います。

5 次に袖と後ろ身頃を中表に合わせてそれぞれ縫い、縫い代を割ります。先に身頃と袖を縫ってまとめるところが違いますが、襟ぐりのリブ、脇縫い、裾縫いは基本と同様です。

スウェットの分類

スウェットもカットソーの1種ですが、袖口と裾にリブが付くので別に解説します。
パーカーやカーディガンなどの特徴的な形の人気アイテムがあります。

基本のスウェット

How to make > P.90

見た目はカットソーと似ていますが、基本の
形が長袖でリブがつくデザインです。襟ぐり
のリブは、カットソーのように縫い代をくる
まないので少し違う作り方になります。パー
カーのフード、カーディガンの前あきなど同
じスウェットでもそれぞれ作り方が違います。

パーカー

**身頃の形は基本と同じで
襟ぐりがリブではなく、フードになります。**

How to make > P.93

襟ぐりにフードが付く部分が大きく違います。

カーディガン

**身頃の形が違い、
袖がドロップショルダーになります。**

How to make > P.96

前あきになり、見返し処理が必要です。

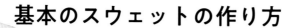

基本のスウェットの作り方

後ろあきの処理はカットソーと同じです。
ボタンと糸ループの処理は 57 ページ、面ファスナーは 54 ページを参照してください。

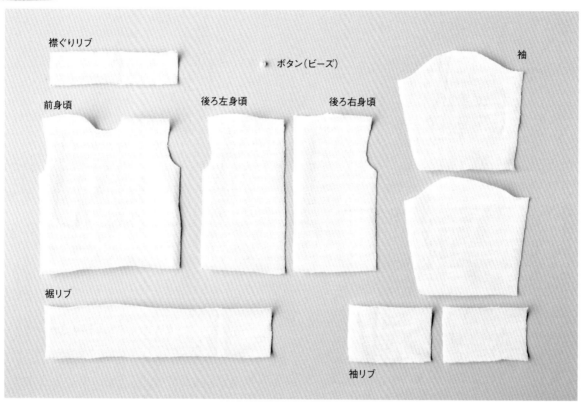

襟ぐりリブ

ボタン（ビーズ）

袖

前身頃　　　後ろ左身頃　　　後ろ右身頃

裾リブ

袖リブ

用尺

22cm：ニット生地 14cm × 33cm　3mm ビーズ 1 個（または面ファスナー適量）
27cm：ニット生地 14cm × 41cm　3mm ビーズ 1 個（または面ファスナー適量）
11cm：ニット生地 6cm × 30cm　面ファスナー適量

1　パーツをカットします。ニット生地なので、端が丸まりますがそのままで大丈夫です。生地がのびやすい場合は、紙に重ねて縫います。

2　前身頃と後ろ身頃を中表に合わせて肩を縫い、縫い代を割ります。

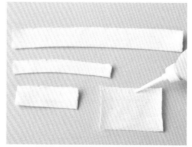

3　襟ぐり、裾、袖のリブをそれぞれ外表に横に二つ折りし、接着剤を付けてはり合わせます。

4　襟ぐりのリブと前身頃の中心に印を付けます。リブはわ側から 3mm の位置に縫い線の印も付けます。

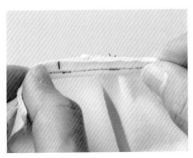

5 リブを身頃の襟ぐりに中表に重ねて
中心を合わせて接着剤で仮止めし、
リブをのばして両端も合わせて仮止
めします。

6 接着剤で仮止めするときは、アイロ
ンでおさえるとしっかり付きます。

7 印の上を、リブ側を上にして見なが
ら縫います。

8 リブをおこし、アイロンでおさえて形
を付けます。襟ぐりのステッチは好み、
もしくは使用する布やアイテムによっ
て入れるかどうかを決めてください。

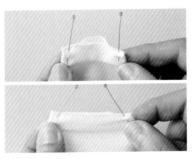

9 袖口にリブを付けます。袖口にリブを
中表に合わせ、両端を合わせてまち
針でとめます。長さが違うのでリブを
引っ張って袖口に合わせます。

10 リブを引っ張った状態で縫います。

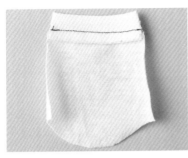

11 リブをおこしてアイロンでおさえて
形を付けます。

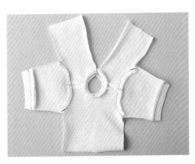

12 基本のブラウス（62 ページ参照）の
25 と同様に、身頃に袖をしつけで仮
止めしてから縫います。ニット生地の
場合はいせ込みはしません。

13 袖と身頃をそれぞれ中表に合わせ
て、袖下から脇を続けて縫います。
脇下の縫い目の両側に切り込みを
入れます。

14 裾にリブを付けます。脇の縫い代を割り、裾にリブを中表に合わせて両端を合わせて
まち針でとめます。長さが違うのでリブを引っ張って裾に合わせます。あまりのびな
い生地の場合はリブの長さを調整して下さい。

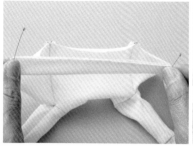
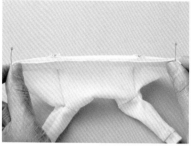

15 リブを引っ張った状態で縫います。

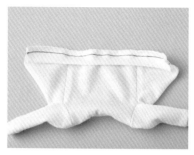

16 リブをおこしてアイロンでおさえて形
を付けます。

17 後ろあきの縫い代をあき止まり位置
に向かってなだらかに折って接着剤で
仮止めし、端にステッチをかけます。

18 あき止まりから下を中表に合わせて
縫います。

19 表に返して片方の端に糸ループ、も
う片方に位置を合わせてボタン風に
ビーズを付けます。

20 スウェットの完成です。

パーカーの作り方

フード以外は基本と同じです。フードがかわいいので一度は作ってみたいアイテムです。

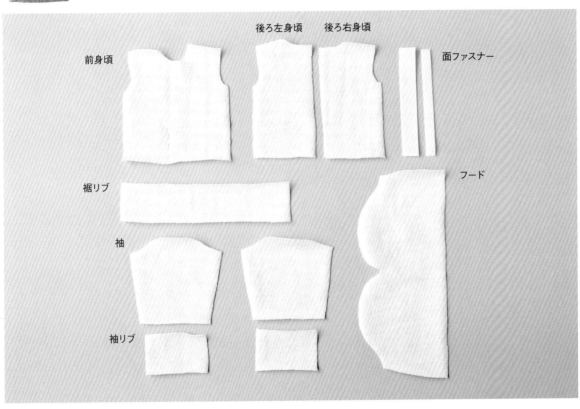

前身頃

後ろ左身頃　後ろ右身頃

面ファスナー

フード

裾リブ

袖

袖リブ

用尺

22cm：ニット生地 16cm × 42cm　面ファスナー適量
27cm：ニット生地 14cm × 47cm　面ファスナー適量
11cm：ニット生地 10cm × 35cm　面ファスナー適量

1 パーツをカットします。ニット生地なので、端が丸まりますがそのままで大丈夫です。生地がのびやすい場合は、紙に重ねて縫います。

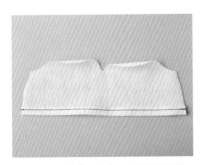

2 フードを作ります。かぶり口の縫い代を折って、7mm（11cmサイズは3mm）で縫います。

3 前身頃と後ろ身頃を中表に合わせて肩を縫い、縫い代を割ります。

4 前身頃の襟ぐり中心に印を付け、フードのかぶり口を突き合わせて中表に合わせます。接着剤を付けて仮止めします。

5 身頃の襟ぐりに接着剤を付け、フードの端と襟ぐりの端を合わせて仮止めします。

6 前身頃を上にして、中心が合っているか確認しながら襟ぐりを縫います。

7 フードをおこします。

8 基本のスウェットと同様に袖口にリブを縫い付け、袖ぐりに袖を縫い付けます。袖口と裾のリブはあらかじめ二つ折りして接着剤ではっておきます。

9 袖と身頃をそれぞれ中表に合わせて袖下から脇を続けて縫います。脇下の縫い目の両側に切り込みを入れます。

10 基本のスウェットと同様に裾にリブを縫い付けます。

11 フードの後ろ側に縫い止まりの印を付けます。着せやすいようにここまであきになります。

12 フードを中表に合わせ、てっぺんから縫い止まりの印までを縫います。

13 縫い止まりの下から裾までの縫い代を折り、接着剤で仮止めします。

94

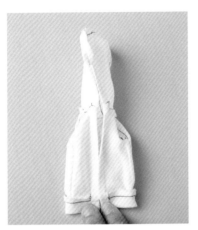

14 ここが後ろ中心になり、このように突き合わせになります。

15 後ろあきのブラウスと同様に面ファスナーを縫い付けます(54ページ参照)。面ファスナーのオスを後ろあきから6〜7mmほど出るように重ね、紙に重ねて縫い止まりから裾まで縫います。

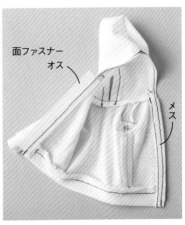

面ファスナー
オス

メス

16 反対側は面ファスナーのメスをぴったり重ねて、縫い止まりから裾まで縫います。しっかり付けるために、ファスナーの端にもう1本ステッチを襟ぐりから裾までかけます。

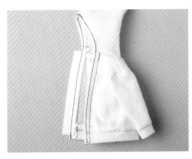

17 これで後ろあきの面ファスナーが付きました。

18 アイロンをかけて形を整えれば完成です。フードにあきがあり、後ろで身頃が突き合わせになった後ろあきのパーカーです。ヘッドをはずして着せつけるなら、後ろあきをフード部分から裾まで縫い合わせても問題ありません。

カーディガンの作り方

前あきから襟ぐりに見返しが付き、袖がドロップショルダーになります。

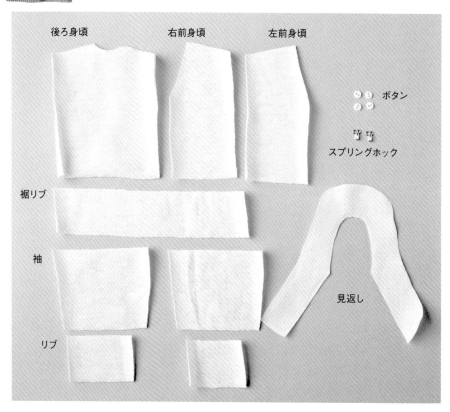

後ろ身頃　　右前身頃　　左前身頃

ボタン

スプリングホック

裾リブ

袖

見返し

リブ

1

パーツをカットします。見返しパーツのみほつれ止め液を塗っておきます。ニット生地なので、端が丸まりますがそのままで大丈夫です。生地がのびやすい場合は、紙に重ねて縫います。

用尺

22cm：ニット生地 14cm×33cm　見返し用コットン生地 11cm×14cm　ボタン 4 個　スプリングホックのオス 2 個
27cm：ニット生地 14cm×42cm　見返し用コットン生地 13cm×14cm　ボタン 4 個　スプリングホックのオス 2 個
11cm：ニット生地 7cm×26cm　見返し用コットン生地 7cm×8cm　ボタン 3 個　スプリングホックのオス 1 個

2　前身頃と後ろ身頃を中表に合わせて肩を縫い、縫い代を割ります。

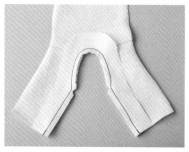

3　前身頃の前端と襟ぐりに見返しを中表に合わせて縫います。

4　襟ぐりに切り込みを入れ、さらに襟ぐりから前端になる角の縫い代は三角形にカットします。こうすることで布が重ならずにきれいに返せます。

5 見返しを表に返します。角は目打ちで
きれいに出します。アイロンでおさえ
て形を付けます。

6 基本のスウェットと同様に袖口のリブはあらかじめ二つ折りして接着剤ではっておき、
袖口にリブを付けます。袖ぐりに袖を中表に合わせ、73 ページのドロップショルダー
と同様に印から印まで縫います。

7 袖下と身頃をそれぞれ中表に合わせ、
ドロップショルダーと同様に袖口から
脇下の印、脇下の印から裾までを分
けて縫います。

8 表に返して、アイロンをかけて整え
ます。

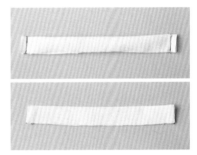

9 裾リブを横に中表に合わせて両端を
縫い、表に返します。

10 裾の見返しをよけて身頃に裾リブを
中表に合わせます。両端を合わせて
まち針でとめ、リブを引っ張って合
わせます。

11 よけた見返しをリブにかぶせてまち針
でとめます。身頃と見返しを中表に合
わせた間に裾リブがはさまっている状
態です。

12 裾を縫い代 5mm で縫います。

13 上下を正しい向きで見ると、裾リブと見返しの裏が見えている状態になっています。

14 見返しと裾リブを表に返し、アイロンをかけて整えます。

15 身頃の裾から襟ぐりにぐるりとステッチをかけます。ステッチの幅は 5mm（11cm サイズは 3mm）です。

16 右の端に等間隔にボタンを付けます。ここでは 1.3cm 間隔ですが好みで付けてください。

17 ボタンのいちばん上と下の裏側にスプリングホックを縫い付けます。反対側はステッチに沿って、ホックと位置を合わせて糸ループを作ります。

18 アイロンをかけて形を整えれば完成です。

Chapter

3

ボ ト ム ス

Bottoms

スカートとパンツのバリエーションを紹介します。
スカートはギャザーやタックを入れることで大きく見た目が変わります。
パンツは幅の違いはありますが、ポケットや素材など細部の違いで変化を出します。

スカートの分類

スカートの形でバリエーションが作れます。タイトスカートとプリーツスカート以外は生地の落ち感が必要なタイプなので、スカートが小さすぎて広がってしまう11cmの人形には向きません。

基本のギャザースカート

How to make > P.101

スカートにギャザーを寄せるだけで、いちばん簡単に作れるスカートです。好みの段数を縫い合わせるとティアードスカートになります。基本はウエストをベルトタイプにしていますが、ゴムにしてもかまいません。ゴムの場合は後ろあきを作らなくてもいいので、もっと簡単です。
※ブラウスとつなぎ合わせることが可能。

フレアスカート

半円から円状の形から作ります。
How to make > P.104

裾に向かって広がるラインがきれいなスカート。広がりすぎないように整えます。
※ブラウスとつなぎ合わせることが可能。

タックスカート

ウエストにタックを寄せるタイプ。
How to make > P.105

スカートが広がりすぎず、シンプルな形です。
※ブラウスとつなぎ合わせることが可能。
（27cmはタック幅の調整が必要）

ウエストゴム

How to make > P.110

ウエストベルトの代わりにゴムを通すこともできます。ウエストにギャザーが寄るので、ギャザースカート以外には不向きです。厚みのある生地はもたつくので、薄めの生地がおすすめです。

タイトスカート

裾が広がらない細身のタイプ。
How to make > P.106

ポケットでアレンジが楽しめます。
※ブラウスとつなぎ合わせることが可能。

プリーツスカート

ウエストから裾まで折りひだを付けたスカート。
How to make > P.108

後ろあきの処理がほかとは違います。
※ブラウスとつなぎ合わせることはできません。

基本のギャザースカートの作り方

ウエストがベルト、スカートが 2 段のギャザースカートです。

ウエストベルト

面ファスナー

1 段目スカート

2 段目スカート

用尺

22cm：コットン生地 12cm × 50cm
面ファスナー適量（またはスプリングホックのオス 1 個）
27cm：コットン生地 14cm × 50cm
面ファスナー適量（またはスプリングホックのオス 1 個）
11cm：なし

1 パーツをカットして、周囲にほつれ止め液を塗っておきます。2 段目のスカートは 1 段目の倍くらいの長さが必要です。

2 2 段目スカートの裾の縫い代を折り、ステッチをかけます。

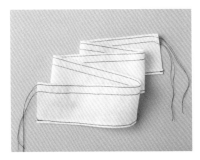

3 裾と反対側の端にギャザーステッチを 2 本入れます。ギャザーの寄せ方は 50 ページを参照してください。

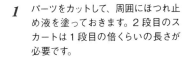

4 1 段目のスカートの長さに合わせてギャザーを調整します。ぎゅっと寄せてから長さを戻していくと合わせやすくなります。長さが合ったら糸を結んで固定します。

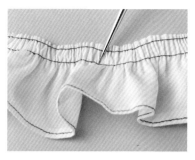

5 目打ちでひだを均等に整え、アイロンをかけて落ち着かせます。ギャザーができました。

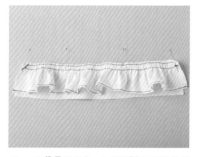

6 1段目のスカートの下側に2段目のスカートのギャザー側を中表に合わせてまち針でとめます。

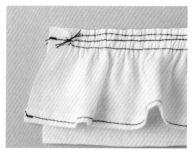

7 2本のギャザーステッチの間にある、出来上がり線を縫います。

8 下側のステッチを取ります。両端の結び目をカットし、裏側の下糸を目打ちで持ち上げて抜きます。

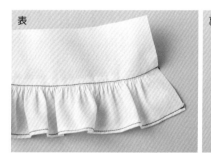

9 1段目のスカートをおこして縫い代を上に倒し、ステッチをかけます。

10 1段目のスカートの上側も同様にギャザーを寄せ、ウエストベルトの長さに合わせます。

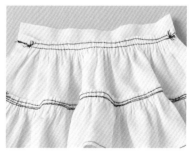

11 同様にウエストベルトと縫い合わせ、下側のステッチを抜いて縫い代を上に倒します。

12 113ページの基本のストレートパンツを参照して、ウエストベルトを縫います。

13 スカートの両端にあき止まりの位置
の印を付け、中表に合わせてあき止
まりから下を縫います。ここが後ろ中
心になります。

14 あき止まりから上の縫い代に面ファス
ナーのオスを重ね、縫い代の位置で
紙に重ねて縫います。面ファスナーの
付け位置は、人形のウエストに合わ
せるとよいでしょう。

15 反対側の縫い代は折られているの
で、端に面ファスナーのメスを合わ
せて紙に重ねて縫います。

縫う

16 紙をはずすとこのように面ファスナー
が付いています。面ファスナーに、ウ
エストベルトのステッチに合わせて横
にもステッチをします。

17 表に返します。縫う部分はこれで完
成ですが、これから形を整えていき
ます。

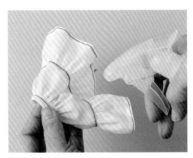

18 霧吹きで全体がしっかり濡れるくら
い水を吹きかけます。

19 手で握ってしわを付けて、スカートの
広がりを落ち着かせます。このまま形
が崩れないように置いて乾かします。

20 乾くとギャザーらしいシワがついて広がりがおさまりました。これで完成です。後ろ
あきはホックでとめても問題ありません。

フレアスカートの作り方

裾に向けて広がった形をきれいに出すのがポイントです。

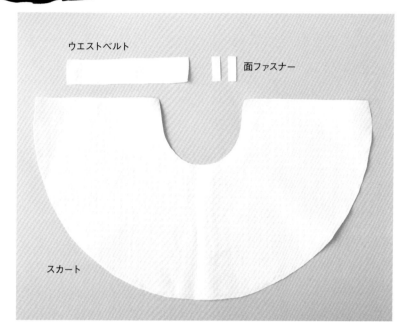

ウエストベルト

面ファスナー

スカート

用尺

22cm：
コットン生地 20cm × 30cm
面ファスナー適量
（またはスプリングホックのオス1個）
27cm：
コットン生地 24cm × 38cm
面ファスナー適量
（またはスプリングホックのオス1個）
11cm：なし

1

パーツをカットして、周囲にほつれ止め液を塗っておきます。

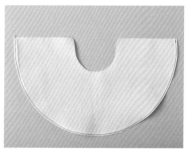

2 スカートの裾の縫い代を折り、ステッチをかけます。

3 ウエストにギャザーを寄せ（ギャザーの寄せ方は 50 ページ参照）、ウエストベルトと長さを合わせます。

表

裏

4 113 ページの基本のストレートパンツを参照して、ウエストベルトを縫います。

5 基本のギャザースカートと同様にして面ファスナーを付けます。

6 トルソーなどに履かせて霧吹きで全体がしっかり濡れるくらいに水を吹きかけます。ひだを整え、広がりをおさえてそのまま乾かします。

7 乾いたら完成です。

タックスカートの作り方

タックの方向が一方向ではないので、型紙をよく確認して進めます。

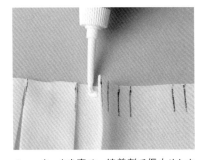

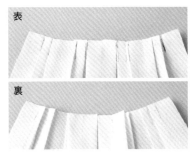

1 ウエストベルト、面ファスナー、スカートのパーツをカットして、周囲にほつれ止め液を塗っておきます。スカートの裾の縫い代を折り、ステッチをかけます。スカートのウエストにタックの印を付けます。

2 タックを寄せ、接着剤で仮止めします。タックの数が多いときは仮止めしておくと便利です。タックの寄せ方は51ページ参照。

3 すべてのタックがたためました。

4 ウエストベルトと合わせて長さが合っているか確認します。

5 113ページの基本のストレートパンツを参照して、ウエストベルトを縫います。

6 基本のギャザースカートと同様にして、あき止まりから下を縫い合わせ、面ファスナーを付けます。スカートの形を整えれば完成です。後ろあきはホックでとめても問題ありません。

用尺

22cm：
コットン生地 14cm × 25cm
面ファスナー適量
（またはスプリングホックのオス1個）

27cm：
コットン生地 18cm × 25cm
面ファスナー適量
（またはスプリングホックのオス1個）

11cm：なし

※タックスカートは27cmも22cm用のウエストベルトを使用します。27cmのブラウスと組み合わせたい場合は、タック幅を少し調整して身頃の幅に合わせてください。

タイトスカートの作り方

スカートのみの作り方を解説します。ポケットは 52 ページを参照して好みで付けてください。

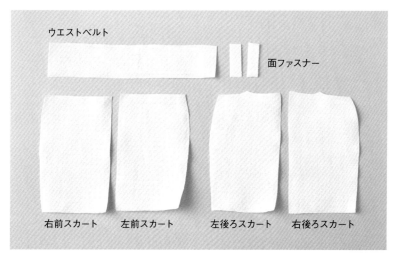

ウエストベルト

面ファスナー

右前スカート　　左前スカート　　左後ろスカート　　右後ろスカート

用尺

22cm：
コットン生地 11cm × 20cm
面ファスナー適量
（またはスプリングホックのオス1個）
27cm：
コットン生地 12cm × 22cm
面ファスナー適量
（またはスプリングホックのオス1個）
11cm：
コットン生地 7cm × 14cm
面ファスナー適量
（またはスプリングホックのオス1個）

1 パーツをカットして、周囲にほつれ止め液を塗っておきます。

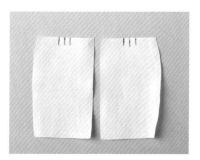

2 前スカートにタックの印を付けます。印の付け方とタックの寄せ方は 51 ページ参照。

3 タックができました。接着剤で仮止めしておきます。

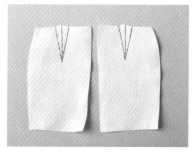

4 後ろスカートにダーツの印を付けます。印の付け方とダーツの縫い方は 51 ページ参照。

表　　裏

5 ダーツが縫えました。縫い代は後ろ中心に向けて倒します。

6 左右の前スカートを中表に合わせて前中心を縫います。

7 前スカートを開いて縫い代を片倒しし（ここでは左側）、縫い代をステッチでおさえます。

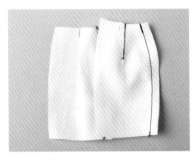

8 左前スカートに左後ろスカートを中表に合わせ、脇を縫います。右前スカートと右後ろスカートも同様に縫います。

9 スカートを開いて脇の縫い代をアイロンで割ります。

10 裾の縫い代を折り、ステッチをかけます。

11 ウエストにウエストベルトを中表に合わせてまち針でとめます。

表　　　　　　　　　　　　裏

12 113ページの基本のストレートパンツを参照して、ウエストベルトを縫います。サイドにポケットを付ける場合はこの段階で縫い付けます（52ページ参照）。

13 スカートの後ろ中心にあき止まりの印を付け、中表に合わせてあき止まりから下の後ろ中心を縫います。

14 基本のギャザースカートと同様にして面ファスナーを付けます。

15 表に返してアイロンでおさえてスカートの形を整えます。これで完成です。後ろあきはホックでとめても問題ありません。

プリーツスカートの作り方

きっちりと折られたプリーツの美しさがポイントのスカートです。

ウエストベルト

面ファスナー

スカート

用尺

22cm：
コットン生地 13cm × 26cm
面ファスナー適量
27cm：
コットン生地 15cm × 28cm
面ファスナー適量
11cm：
コットン生地 9cm × 23cm
面ファスナー適量

1
パーツをカットして、周囲にほつれ止め液を塗っておきます。

2 スカートの裾の縫い代を折ってステッチをします。

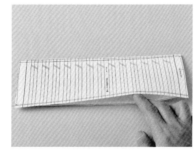

3 スカートの型紙を用意します。スカート布の表に重ね、下を残してぐるりと縫って仮止めします。ミシンで縫う場合は針目を大きく設定します（4〜5mm）。手縫いでも問題ありません。

4 印に合わせて、布と紙を一緒に折ります。

5 最後まで折れたら、布側からアイロンでおさえて形を付けます。

6 布側に、折り目加工スプレーを吹いてくせ付けをします。洗濯のりでも同じなので、使いやすいスプレーのりを使ってください。

7 プリーツのくせが付いたらリッパーでしつけの糸をほどいて取ります。取れたら再度アイロンをかけて形を付けます。

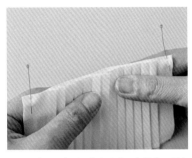

8 ウエストベルトとスカートのウエスト
を中表に合わせて両端をまち針でと
めます。ウエストベルトよりもスカー
トのほうを型紙の段階で少し長くして
いるので、なりゆきで合わせます。

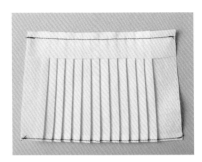

9 縫い代 5mm（11cm サイズは 3mm）
でウエストを縫います。スカートの長
さを微調整しながら縫ってください。

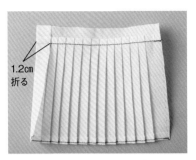

1.2cm
折る

10 ウエストベルトを折り上げ、左端（左
後ろ中心）を1.2cm（11cm サイズ
は1cm）折ります。

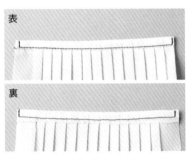

表

裏

11 113 ページの基本のストレートパン
ツを参照して、ウエストベルトを縫い
ます。

12 後ろ中心にあき止まりの印を付け、
中表に合わせてあき止まりから下の後
ろ中心を縫います。

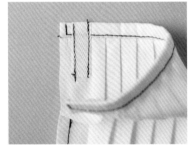

13 縫い代 1.2cm（11cm サイズは1cm）
に面ファスナーのオスを合わせて縫
い、さらに反対側の端も縫い付け
ます。

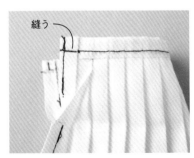

縫う

14 反対側の縫い代は折られているので、
端に面ファスナーのメスを合わせて縫
います。ウエストベルトのステッチに
合わせて横にもステッチをします。

15 表に返してアイロンでおさえて形を整えれば完成です。

ウエストゴムにする

ギャザースカートはウエストをゴムにすることもできます。あきの処理が必要ないので簡単です。

1 ウエスト部分を1cm折り、5mmの位置を縫います。裾の縫い代も折って縫っておきます。

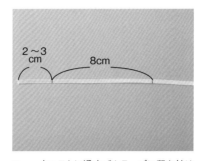

2 ウエストに通すゴムテープに印を付けます。左から余裕分2〜3cm、人形のウエスト分（ここでは8cm）に印を付けます。

3 毛糸のとじ針にゴムテープを通します。

4 そのままゴムテープをウエストに通します。

5 端まで通したら、余裕分とウエスト分の印の間にスカートを合わせます。

6 印に合わせて端にミシンステッチをかけて縫いとめます。余分のゴムテープはカットします。ここが後ろ中心になります。

7 スカートを中表に合わせて後ろ中心をウエストから裾まで縫います。

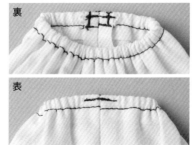

8 縫い代を割り、ウエスト部分で縫い代の端を横に縫いとめます。

9 完成です。広がりすぎる場合は水で濡らして形を整えます（103ページ参照）。

22cm ／ Model：Pookie Boo BonBon
©KINOKOJUICE ／ AZONE INTERNATIONAL

パンツの分類

パンツの形自体はストレート、スリム、ワイドとショートパンツに分かれます。タックワイドパンツはサイドの切り替えやポケットがなく、より簡単な作りです。ポケットなどのパーツでアレンジして楽しみます。

基本のストレートパンツ

How to make > P.113

ストレートパンツを基本として、裾に向かって細くなったり、丈が短くなったり、ウエストにタックを取ったりしてアレンジします。ウエストの処理は基本的にすべて同じです。ポケットを付けたり、ステッチをどこに入れるか、使う素材でもパンツの雰囲気が変わります。
※ブラウスとつなぎ合わせることはできません。

スキニーパンツ

裾に向かって細くなる形です。丈を短くすればサブリナパンツになります。
※ブラウスとつなぎ合わせることはできません。

タックワイドパンツ

How to make > P.118

ウエストにタックをとって幅にボリュームを出しました。
※ブラウスとつなぎ合わせることが可能。

ショートパンツ

パンツに使う生地ではなく、ブラウスやスカートなどの生地を使うとよりカジュアルな雰囲気になります。
※作例はウエストをギャザーにアレンジしています。
※ブラウスとつなぎ合わせることが可能。

基本のストレートパンツの作り方

ジーンズタイプにするときと、ほかのパンツとではステッチの入り方が異なります。
L型ポケットが付きます。

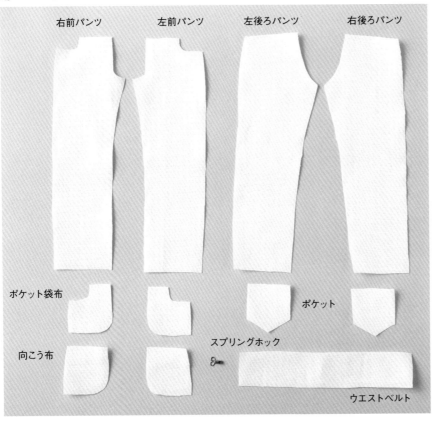

右前パンツ　左前パンツ　左後ろパンツ　右後ろパンツ

ポケット袋布

向こう布

スプリングホック

ポケット

ウエストベルト

1

パーツをカットして、周囲にほつれ止め液を塗っておきます。

用尺

22cm：コットン生地 18cm × 24cm　ポケット袋布用薄手コットン生地 4cm × 7cm　スプリングホックのオス 1 個（または面ファスナー適量）
27cm：コットン生地 21cm × 25cm　ポケット袋布用薄手コットン生地 4cm × 7cm　スプリングホックのオス 1 個（または面ファスナー適量）
11cm：コットン生地 8cm × 21cm　ポケット袋布用薄手コットン生地 2cm × 5cm　面ファスナー適量

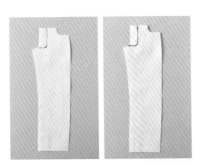

2 左前パンツにファスナー部分の見返しの印を付け、印通りにステッチをかけます。実際にファスナーは付けませんがダミーのステッチを入れることで雰囲気が出ます。

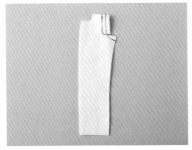

3 左右の前パンツを中表に合わせて前中心を縫います。

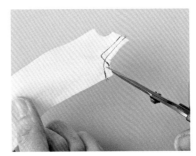

4 カーブの縫い代に 2 か所ほど切り込みを入れます。

5 前パンツを開き、ステッチ側に縫い代を片倒しします。

6 1mm幅くらいでステッチをかけます。ファスナーステッチと縫い代を倒して入れるステッチは、パンツの雰囲気に合わせて入れてください。入れなくても問題ありません。

7 ポケット袋布を前パンツのポケット口に中表に合わせて縫います。

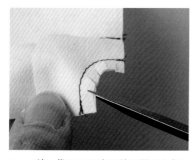

8 縫い代に5か所ほど切り込みを入れます。

9 袋布を折り返して形を整え、ポケット口にステッチをかけます。

10 向こう布をポケット袋布に合わせて接着剤で仮止めします。

11 パンツをよけて、はり合わせた袋布と向こう布の脇と底を縫います。

12 L型ポケット部分ができました。

13 もう片方のポケットも同様に作ります。

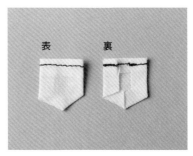

表　裏

14 パッチポケットを52ページを参照して作ります。

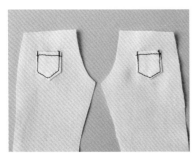

15 左右の後ろパンツにポケット付け位置を印し、パッチポケットを接着剤で仮止めして周囲を縫います。

16 パンツの前と後ろを中表に合わせて脇を縫い、パンツを開きます。

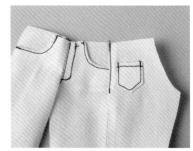

17 ジーンズの場合は脇の縫い代を後ろ側に倒し、縫い代をおさえてL型ポケットの袋布の下までステッチをかけます。

18 ステッチの下の縫い代は裾まで割ります。

表　　　　　　裏

19 ジーンズ以外のパンツの場合は、縫い代を後ろ側に片倒しして、縫い代をおさえて裾までステッチをかけます。

20 反対側の後ろパンツも同様に縫い合わせます。サイドにポケットを付ける場合はこの段階で縫い付けます(52ページ参照)。

21 裾の縫い代を折ってステッチをかけます。パンツの裾を折り返したデザインにしたいときは、この段階で表側に折り上げて、両端を接着剤で仮止めしておきます。

22 ウエストにウエストベルトを中表に合わせて縫います。

23 ウエストベルトをおこして、折り上げます。

5mm 折る

24 右側のウエストベルトとパンツのウエストのみ、縫い代5mmで折って接着剤で仮止めします。

25 ウエスト部分の縫い代に接着剤を付けてウエストベルトを折って仮止めします。幅が均等になるように確認してください。

26 ウエストベルトを折ったところです。角もきれいに折ってください。

27 ウエストベルトに沿ってステッチをかけます。ジーンズは上もぐるりと1周かけたほうがリアル感がでますが、上は残して脇と下のみのステッチでも問題ありません。

28 パンツの後ろ中心にあき止まりの印を付け、中表に合わせてまち針でとめます。

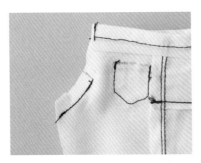

29 あき止まりから下を縫い、縫い代に1か所切り込みを入れます。後ろあきを面ファスナーにする場合は、この段階で縫い付けます（55ページ参照）。

30 股下を中表に合わせてまち針でとめ、左右とも縫います。後ろ中心の縫い代は後ろあきの方向に倒して縫います。

31 股の縫い目の左右の縫い代に切り込みを入れます。

32 ウエストから鉗子を入れて裾をはさみ、表に返します。もう片方も同様に返します。

33 アイロンをかけてパンツの形を整えます。

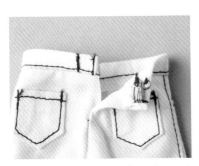

34 後ろあきの右側にスプリングホックを付け、左側に糸ループを合わせて付けます。糸ループは人形のウエストに合わせて位置を調整してください。

35 ストレートパンツの完成です。後ろあきは面ファスナーにしても問題ありません。

タックワイドパンツの作り方

前にタック、後ろにダーツが入った、センタープレスのワイドパンツです。ポケットが付かないシンプルな形です。
後ろあきブラウスと組み合わせてオールインワンに仕立てることもできます。

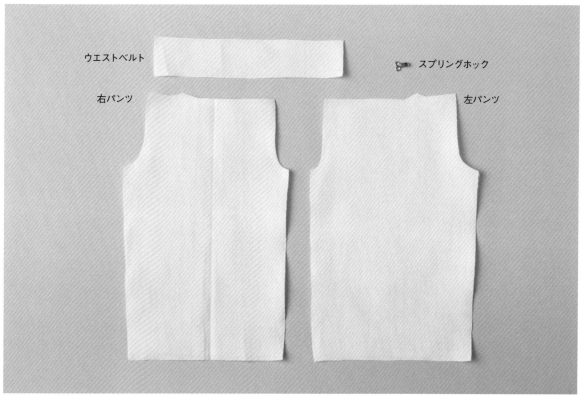

ウエストベルト　　　　　　　　　　　　　　　　　　　　スプリングホック

右パンツ　　　　　　　　　　　　　　　　　　　　　　　左パンツ

用尺

22cm：コットン生地 17cm × 20cm　スプリングホックのオス 1 個（または面ファスナー適量）
27cm：コットン生地 21cm × 20cm　スプリングホックのオス 1 個（または面ファスナー適量）
11cm：コットン生地 10cm × 14cm　面ファスナー適量

1 パーツをカットして、周囲にほつれ止め液を塗っておきます。

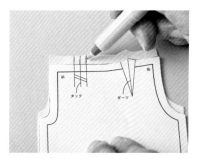

2 パンツのウエストに型紙を合わせてタックの印を入れます。

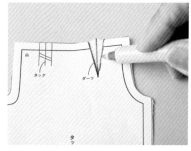

3 同様にダーツの印も入れます。型紙のダーツ部分を切り取り、ウエストに合わせて印を付けます。

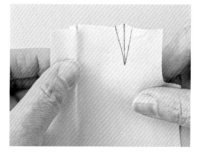

4 タックを中心の印で谷折りし、左右の印を合わせて折ります。アイロンでおさえて形を付けます。

5 ダーツ部分は中心の印で中表に折り、左右の印を合わせて縫います。

6 ダーツの縫い代は後ろ中心側に倒します。

7 左右のパンツともタックとダーツが縫えました。

8 左右のパンツを中表に合わせて前中心を縫います。

9 カーブ部分の縫い代の2か所切り込みを入れます。

10 縫い代は割っておきます。

11 裾の縫い代を折り、ステッチをかけます。

12 左右のパンツを中表に合わせてまち針でとめます。タックが開かないようにまち針でとめてください。

13 ウエストベルトをパンツのウエストに中表に合わせて縫います。万が一、ウエストベルトとパンツのウエストの長さが合わない場合は、タックで調整します。

14 113 ページの基本のストレートパンツと同様に、ウエストベルトを縫います。

15 パンツの後ろ中心にあき止まりの印を付け、中表に合わせてあき止まりから下を縫います。縫い代に 1 か所切り込みを入れます。後ろあきを面ファスナーにする場合は、この段階で縫い付けます(55 ページ参照)。

16 股下を中表に合わせて、左右とも縫います。後ろ中心の縫い代は後ろあきの方向に倒して縫います。股の縫い目の左右の縫い代に切り込みを入れます。

17 後ろあきの右側にスプリングホックを付け、左側に糸ループを合わせて付けます。糸ループは人形のウエストに合わせて位置を調整してください。

18 股下の縫い代をアイロンで割ります。

19 表に返して脇と股下の縫い目を合わせて折り、アイロンでおさえてセンタープレスの折り目を付けます。前はタック、後ろはダーツと折り目がつながるように折り目を付けます。

20 完成です。後ろのあきは面ファスナーにしても問題ありません。

120

ワンピース
One piece

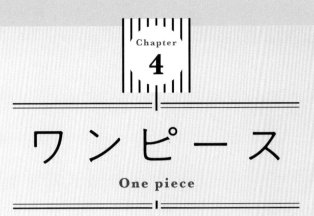

ワンピースはおしゃれ度があがるアイテムです。
難しそうに見えますが、トップスとボトムスを組み合わせるという考え方で作ります。
掲載している作例以外にも組み合わせのバリエーションはたくさん考えられます。

ワンピースの分類

トップスとボトムスを組み合わせるのが基本です。Aラインワンピースは別に型紙があります。
この2つ以外にサロペットのように胸当てタイプがあります。

基本のワンピース

How to make > P.123

後ろあきのブラウスとギャザースカート、後ろあ
きのブラウスとタックワイドパンツを組み合わ
せました。襟や袖は好みで組み合わせることが
できます。どの組み合わせでもトップスとボト
ムスの縫い合わせ方や後ろあきの処理のしかた
は同じです。

パンツにすれば
オールインワン。

Aライン

後ろあきのブラウスを裾に向かって
広がるようにのばした形です。

How to make > P.126

後ろあきブラウスと同じように、
襟と袖を組み合わせることができます。

胸当てタイプ

トップスではなく胸当てとボトムスを組み合わせます。
胸当てA・Bはそれぞれパンツとスカート、どちらでも組み合わせることができます。

サロペット
胸当てAをパンツと
組み合わせます。
How to make > P.127

ジャンパースカート
胸当てBをスカートと
組み合わせます。
How to make > P.130

エプロン

How to make > P.133

ジャンパースカートと似ていますが、
後ろがあいているので仕立てが変
わってきます。

基本のワンピースの作り方

トップスとボトムスをつなぐ

フラットカラーの丸襟、長袖のパフスリーブ、後ろあきブラウス、
2段のギャザースカートを組み合わせます。

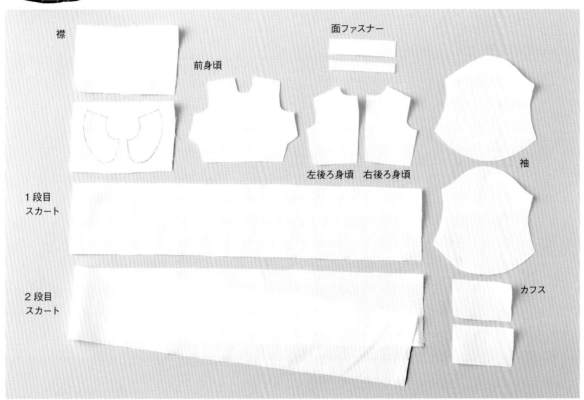

襟　面ファスナー　前身頃　左後ろ身頃　右後ろ身頃　袖　1段目スカート　2段目スカート　カフス

用尺

22cm：コットン生地 22cm × 52cm　面ファスナー適量
27cm：コットン生地 25cm × 52cm　面ファスナー適量
11cm：コットン生地 8cm × 41cm　面ファスナー適量

1 パーツをカットして、周囲にほつれ止め液を塗っておきます。襟は四角く粗裁ちした生地に出来上がり線を印しておきます。印は1枚のみでかまいません。2段目のスカートは1段目の倍くらいの長さが必要です。

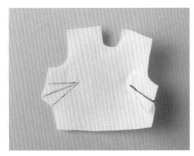

2 前身頃にダーツの印を付けてダーツを縫います（51ページ参照）。

3 襟の作り方と付け方は81ページ、袖の作り方は70ページを参照して身頃と袖のパーツを作ります。

4 70ページを参照して袖ぐりに袖を付け、縫い代は袖側に倒します。

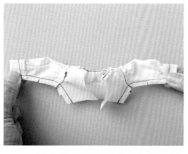

5 袖と前後の身頃をそれぞれ中表に合わせて袖下から脇を縫います。脇下の縫い目の左右と袖下に1か所切り込みを入れます。

6 101ページを参照して2段のギャザースカートを作ります。ギャザーを寄せて1段目と2段目を縫い合わせたところでとめておきます。ウエストのギャザーは身頃の幅に合わせます。

7 上下のパーツができた状態です。この上下を縫い合わせます。どちらも後ろはあいたままです。

8 身頃とスカートのウエストを中表に合わせ、まち針でとめます。ブラウスの脇の縫い代は割っておきます。

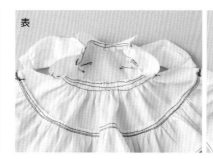

表　　　　　　　　裏

9 ウエストを縫い、縫い代をブラウス側に倒します。

10 ウエストの下の見えているギャザーステッチを取り、縫い代にステッチをかけておさえます。

11 後ろ中心にあき止まりの印を付けます。後ろ中心の縫い代5mmを印まで折り、印の下からは自然に斜めになるように折ります。

12 54ページの面ファスナーが持ち出しになる付け方を参照して、面ファスナーを付けます。面ファスナーのオスを後ろあきから6〜7mmほど出るように重ねて縫います。

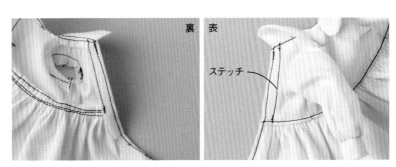

裏　表

ステッチ

13 反対側の後ろあきの縫い代も同様に折り、面ファスナーのメスをぴったり重ねて縫います。

14 メス側の面ファスナーをしっかり付けるために、もう1本身頃部分のみにステッチをかけます。

15 後ろ中心を中表に合わせ、あき止まりから下を裾まで縫います。縫い代は割ります。

16 103ページを参照してスカートに霧吹きで水を付けてギャザーの形を作って落ち着かせます。襟も立ち上がりやすいので濡らして落ち着かせます。これで完成です。

Ａラインワンピースの作り方

後ろあきのブラウスを、裾に向けて広がるＡラインにのばしたデザインです。

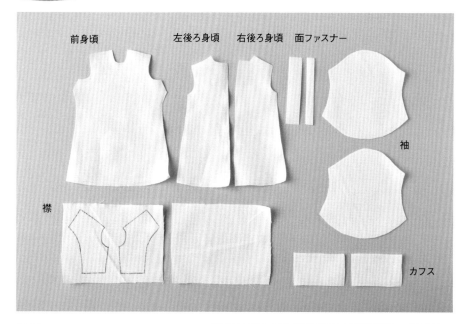

前身頃　　　左後ろ身頃　右後ろ身頃　面ファスナー

袖

襟

カフス

1

パーツをカットして、周囲にほつれ止め液を塗っておきます。襟は四角く粗裁ちした生地に出来上がり線を印しておきます。印は1枚のみでかまいません。

用尺

22cm：
コットン生地 14cm × 42cm
面ファスナー適量
27cm：
コットン生地 15cm × 51cm
面ファスナー適量
11cm：
コットン生地 8cm × 27cm
面ファスナー適量

2 基本のワンピースの身頃と同様に襟と袖を作って縫い合わせます。裾は縫い代を折ってステッチをします。

3 124ページのあきの処理のしかたを参考にして、後ろ中心に面ファスナーを付けます。

4 あき止まり位置から下の後ろ中心を中表に合わせて縫います。縫い代は割ります。

5 スクエアカラーは立ち上がりやすいので、霧吹きで水を付けて落ち着かせます。

6 完成です。好みでリボンを付けたりして飾ってください。

126

サロペットの作り方

ボトムスに胸当てAを組み合わせます。少し太めのウエストベルトを合わせたデザインです。

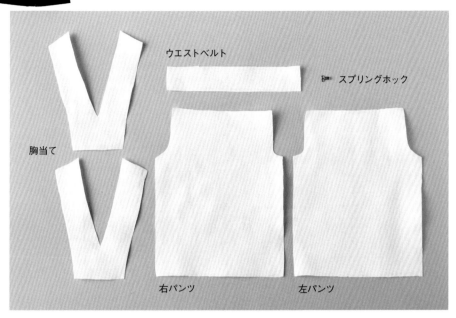

ウエストベルト

スプリングホック

胸当て

右パンツ　　　　　　　左パンツ

1 パーツをカットし、周囲にほつれ止め液を塗っておきます。

用尺

22cm：
コットン生地 15cm × 40cm
スプリングホックのオス1個
（または面ファスナー適量）
27cm：
コットン生地 18cm × 45cm
スプリングホックのオス1個
（または面ファスナー適量）
11cm：
コットン生地 9cm × 26cm
面ファスナー適量

2 胸当てに中心の印を付けます。こうすることでVの中心位置が分かりやすくなります。

3 2枚を中表に合わせてV部分と脇を縫います。

4 Vの縫い代の中心に切り込みを入れます。

5 鉗子で引っ張り出して左右とも表に返します。

6 アイロンをかけて整え、下を残してぐるりとステッチをかけます。

7 パンツを縫います。2枚を中表に合わせて前中心を縫います。縫い代に2か所切り込みを入れます。

8 縫い代を割ります。

9 ウエストベルトの中心に印を付けます。ウエストにギャザーを寄せ（50ページ参照）、ベルトとパンツの中心を合わせてギャザーを調整して長さを合わせます。ギャザーは中心で左右に等分してください。

10 ウエストベルトとパンツのウエストを中表に合わせて縫います。下側のギャザーステッチを取ります。

11 ウエストベルトを折り上げ、胸当てを中表に重ねます。中心を合わせて縫います。

12 ウエストベルトの後ろ側に胸当て付け位置の印を付け、胸当ての反対側の端を縫い付けます。肩ひもがよじれないように注意してください。

13 胸当てをおこし、縫い代を倒してアイロンでおさえて整えます。裏側でウエストベルトの縫い代が突き合わせになります。

14 ウエストベルトの右端の縫い代を5mm折り、接着剤で仮止めします。

15 ウエストベルトの周囲にぐるりとステッチをかけます。

16 裾の縫い代7mm（11cmサイズは5mm）を折り、ステッチをします。ここでは裾から5mm（11cmサイズは3mm）の位置で幅広のステッチにしています。

18 113ページの基本のストレートパンツの作り方と同様に、後ろにあき止まりの印を付け、印から下の後ろ中心を中表に合わせて縫います。股下を中表に合わせて縫います。

19 表に返してアイロンで形を整えます。後ろあきに56ページを参照してスプリングホックと糸ループを付ければ完成です。後ろあきを面ファスナーにする場合は、*18*の段階で縫い付けます（55ページ参照）。

ジャンパースカートの作り方

胸当てBと細い肩ひもでキャミソールワンピースのようになります。

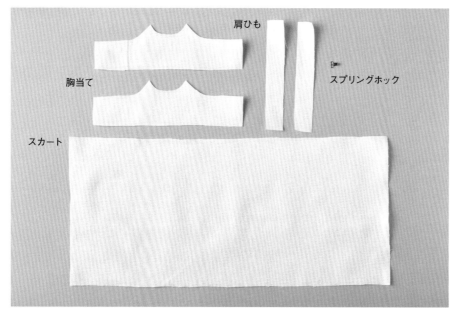

1 パーツをカットし、周囲にほつれ止め液を塗っておきます。

肩ひも

胸当て

スプリングホック

スカート

用尺

22cm：
コットン生地 17cm × 32cm
スプリングホックのオス1個
（または面ファスナー適量）

27cm：
コットン生地 20cm × 40cm
スプリングホックのオス1個
（または面ファスナー適量）

11cm：
コットン生地 8cm × 25cm
面ファスナー適量

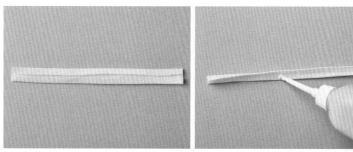

2 肩ひもの両端を中心で突き合わせて折り、接着剤を付けてさらに二つ折りします。四つ折りの状態です。

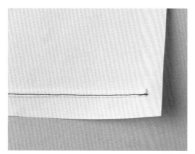

3 紙に乗せてステッチをかけます。

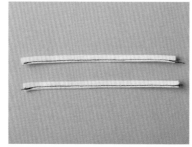

4 もう1本も同様に作ります。肩ひもができました。

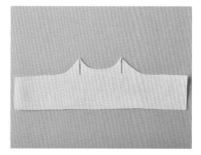

5 胸当ての尖った部分の中心に印を付けます。この印があると、縫い合わせるときに角の中心が分かりやすくなります。

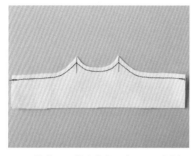

6 胸当て2枚を中表に合わせて上側の
みを縫い代3mmで縫います。

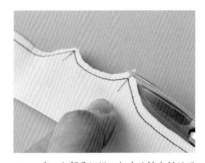

7 尖った部分にほつれ止め液を付けて
から縫い代をカットし、カーブ部分に
切り込みを入れます。

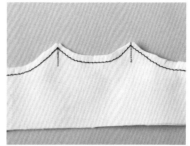

8 尖った部分は三角にカットしてから
角に向けて縫い代を細くカットする
ことで、表に返したときに角がきれ
いに出ます。

9 胸当てに合わせてスカートにギャザー
を寄せます。ギャザーの寄せ方は50
ページ参照。

10 胸当ての1枚をよけて、もう1枚
の胸当ての下部分とスカートのウエ
ストを中表に合わせて縫います。縫
えたらギャザーの下側のステッチを
取ります。

11 胸当てを折り上げ、上右端の縫い代
を折ってアイロンでおさえます。

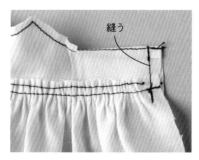

12 縫い代を折ったまま、胸当ての右端
をスカートの縫い目まで縫います。胸
当てはよけた1枚も一緒に、2枚を
そろえて縫います。

13 縫い代を内側に倒し、アイロンでお
さえて形を付けます。

14 胸当てを表に返します。角は目打ち
などできれいに出し、アイロンをか
けて整えます。

ジャンパースカートの作り方

15 胸当ての尖った部分の内側に肩ひもを 1cm（11cm サイズは 5mm）重ねて接着剤で仮止めします。肩ひもは縫い目が外側にくるように重ねます。

16 肩ひもの反対側の先も同様に接着剤を付けて仮止めします。肩ひもの長さは人形に合わせて調整してください。

17 胸当ての周囲にぐるりと表側からステッチをかけます。これで肩ひもと胸当てのもう 1 枚の下側をおさえます。

18 スカートの端（後ろ中心）にあき止まりの印を付け、印から下を裾まで中表に合わせて縫います。後ろあきを面ファスナーにする場合は、この段階で縫い付けます（55 ページ参照）。

19 56 ページを参照して胸当ての端にスプリングホックを付け、反対側に位置を合わせて糸ループを付けます。付け位置は人形に合わせて調整してください。

表

裏

20 アイロンをかけて形を整えれば完成です。スカートが広がりすぎる場合は、水で濡らして形を整えます（103 ページ参照）。

エプロンの作り方

見た目は胸当てAのジャンパースカートと似ていますが、後ろがあくので仕立て方が変わります。

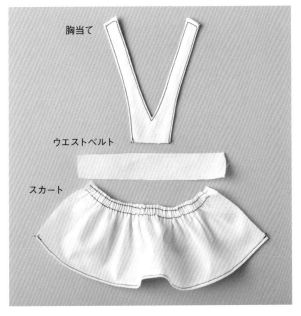

胸当て
ウエストベルト
スカート

用尺

22cm：コットン生地 11cm×41cm　スプリングホック1組
27cm：コットン生地 13cm×54cm　スプリングホック1組
11cm：コットン生地 9cm×32cm　3mmビーズ1個

1

パーツをカットして、周囲にほつれ止め液を塗っておきます。胸当ての作り方は127ページ、スカートのギャザーは50ページを参照して縫い、ウエストベルトと長さをそろえます。スカートは裾の縫い代を折り、ステッチします。

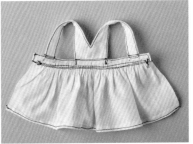

2　127ページのサロペットの作り方の*13*まで同様に縫います。スカートにウエストベルトを付け、胸当てを付けてウエストベルトにステッチが入った状態です。

3　スカートの両端（後ろ中心）の縫い代を折って、ウエストベルトから裾までステッチをかけます。

4　ウエストベルトの端に、スプリングホックのオスとメスを突き合わせになるように付けます。11cmサイズの人形用はフックが大きくなるので、ビーズと糸ループでとめます。

5　アイロンをかけて形を整えれば完成です。スカートが広がりすぎる場合は、水で濡らして形を整えます（103ページ参照）。

27cm ／ Model：ユノアクルス・ライト フロゥライト

アウター
Outer

工程が多くなり少し難しくなるので、トップスをひと通り縫ってからチャレンジするのがおすすめです。
アウターならではのファスナー付けがあります。
ほかのアイテムにも合わせやすいモッズコート、ダッフルコート、
テーラードジャケットの3タイプをご紹介します。

アウターの分類

身頃や袖付けの基本はブラウスと同じです。フード、襟、それぞれのアイテムに特徴的なパーツが重要になります。
生地も少し厚めになるのでゆっくり縫い進めてください。

コート　基本の形は同じでパーツでらしさを出します。

ダッフルコート
フード、チンストラップ、
トグルボタンなど特徴的で
かわいいパーツが多いコート。
How to make > P.137

モッズコート
フード、前ファスナー、
裾のひもが必須です。
ミリタリー調のパーカー。
How to make > P.143

テーラードジャケット
難しい襟の仕立てをなるべく
簡単にと考えて、全体的に
接着剤で仕上げる工程が
多くなっています。
How to make > P.149
立体的な形で、襟をうまく
作ることがポイントです。

ダッフルコートの作り方

パーツが多いので、仕立ての難しさというよりはパーツ作りに時間がかかります。

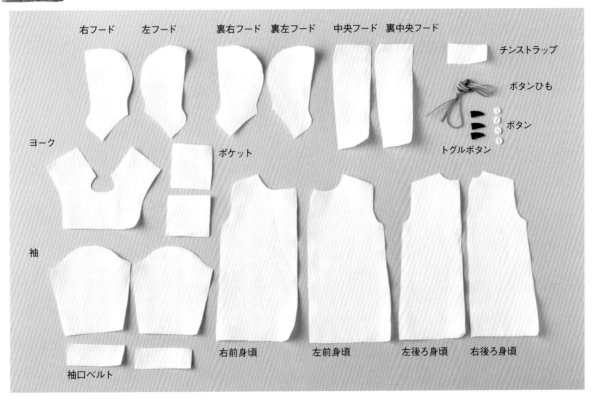

右フード　左フード　　裏右フード　裏左フード　中央フード　裏中央フード

チンストラップ

ボタンひも

ボタン

トグルボタン

ヨーク

ポケット

袖

右前身頃　　左前身頃　　左後ろ身頃　右後ろ身頃

袖口ベルト

用尺

22cm：薄手ウール生地 17cm × 43cm　　フード裏地用コットン生地 9cm × 15cm
　　　合皮テープ 30cm　トグルボタン 3 個　4mm ボタン 4 個

27cm：薄手ウール生地 20cm × 57cm　　フード裏地用コットン生地 9cm × 12cm
　　　合皮テープ 40cm　トグルボタン 4 個　5mm ボタン 4 個

11cm：薄手ウール生地 9cm × 33cm　　フード裏地用コットン生地 7cm × 9cm
　　　合皮テープ 25cm　トグルボタン 3 個

1　パーツをカットして、周囲にほつれ
　　止め液を塗っておきます。

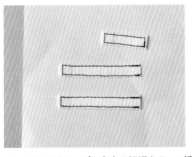

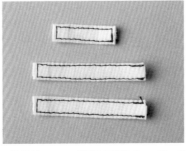

表　　　　裏

2　チンストラップの左右の短辺を 5mm 折って接着剤ではり、上下の長辺を 5mm 折って
　　三つ折りしてはります。袖口ベルトも短辺を片側残して同様にはります。紙に乗せて
　　ステッチをし、紙をはずします。袖口ベルトの 1 辺ははさみ込むのでステッチなしでか
　　まいません。11cm サイズにはベルトパーツはありません。

3　52 ページを参照してパッチポケット
　　を作ります。

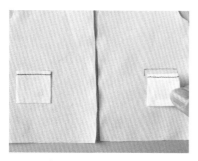

4 前身頃にポケット付け位置の印を付け、パッチポケットを重ねます。

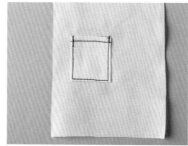

5 脇と底を縫います。

6 フードを縫います。右フードと中央フードを中表に合わせて縫い代3mmで縫います。中央フードは幅の太い方が首側です。

表　　　裏

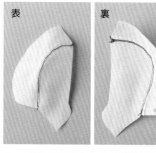

7 表に返して中央フード側に縫い代を倒し、ステッチをかけます。立体なので縫いづらいですが、開くような感じで縫います。

表　　　裏

8 同様に左フードを中央フードに中表に合わせて縫い、縫い代を倒してステッチをかけます。表のフードができました。

9 裏のフードを同様に作ります。縫い代は片倒しにしてステッチをかけるのではなく、割ります。

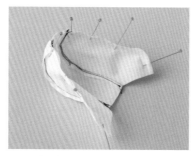

10 表と裏のフードを中表に合わせてかぶり口をまち針でとめます。

11 下側を残してぐるりと縫い代5mm（11cmサイズは3mm）で縫い、カーブ部分に三角に切り込みを入れます。

12 表に返してカーブをきれいに出し、型紙のステッチラインを参照して端にステッチを入れます。

13 後ろ身頃を中表に合わせて中心を縫い、縫い代を割ります。

14 前身頃と後ろ身頃を中表に合わせて肩を縫い、縫い代を割ります。

15 袖口の縫い代を折り、接着剤で仮止めして縫います。

16 袖の表側に袖口ベルトを重ねて縫います。袖口から7mm、前袖になる端に重ねます。

17 袖口ベルトを少したるませて端をボタンでとめます。ぴったり縫い付けると、袖を筒に縫ったときにつれてしまう可能性があるため、少したるませて付けます。

18 左袖、右袖ともに袖口ベルトを付けます。

19 身頃に袖を付けます。62ページの基本のブラウスを参照にして、少しいせ込みながら縫います。縫い代は袖側に倒します。

20 ヨークを作ります。襟ぐり以外の縫い代を折って接着剤ではります。袖ぐり側の縫い代は3か所に切り込みを入れてから縫い代を折ります。

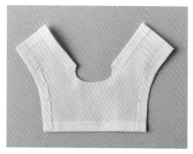

21 切り込みを入れた縫い代はカーブなので、切り込みが開いてきれいな形になります。

22 後ろ身頃の中心の縫い目とヨークの中心を合わせ、接着剤ではり付けます。襟ぐりを合わせますが、前立てとヨークの前の縦ラインを並行にします。

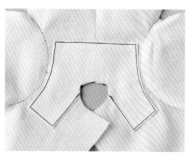

23 襟ぐりを残してぐるりとステッチをかけます。

24 身頃に見返しと中心、フードに中心の印を付けます。襟付けと同じ要領でフードを付けます。

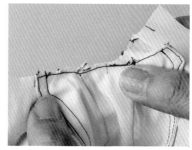

25 身頃の襟ぐりに切り込みを入れ、身頃とフードの中心、見返しの印とフードの端を合わせます。接着剤ではって仮止めします。

26 見返しを中表に印から折り返し、フードの上に接着剤ではります。

27 襟ぐりを縫い、切り込みを入れます。

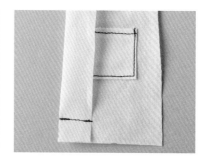

28 裾の見返し部分を中表に合わせ、縫い代1cm（11cmサイズは7mm）で縫います。

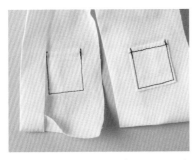  

29 見返しを表に返して角をきれいに出し、整えます。

30 裾～前立て～襟ぐり～前立て～裾にぐるりとステッチをかけます。

 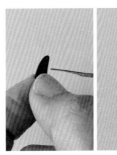 

31 前立てから1cm（11cmサイズは5mm）の位置に印を付け、ステッチをかけます。

32 ひもの端を斜めにカットして細くし、トグルボタンに通します。

33 ボタン付け位置に印を付け、ひもを2本そろえて縫いとめます。前立ての端にボタンの端がくる位置で縫い付けます。

  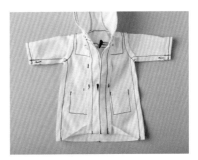

34 反対側はひもをループにして同様に縫い付けます。余分なひもはカットしておきます。

35 ボタンが付きました。合わせてみて再度ボタンの位置を確認しておきます。

36 裏返して袖と身頃の脇をそれぞれ中表に合わせ、袖下から脇を縫います。脇下の左右の縫い代に切り込みを入れます。

ダッフルコートの作り方

37 脇の縫い代を割り、裾を折り上げて5mmでステッチをします。見返しのステッチの手前から手前まで縫います。

38 チンストラップを付けます。ヨークの延長線上のフード部分にボタンで縫いとめます。反対側は位置を合わせてボタンのみを付けます。

39 アイロンで形を整えれば完成です。

Point

11cmサイズは小さいので、ヨーク、チンストラップ、袖口ベルトを省いています。ストラップやベルトは小さくなり過ぎて縫うのが難しいこと、ヨークは生地が厚くなりすぎることが理由です。

モッズコートの作り方

ファスナー付けがいちばんの難関です。ファスナーの長さ調節も解説します。

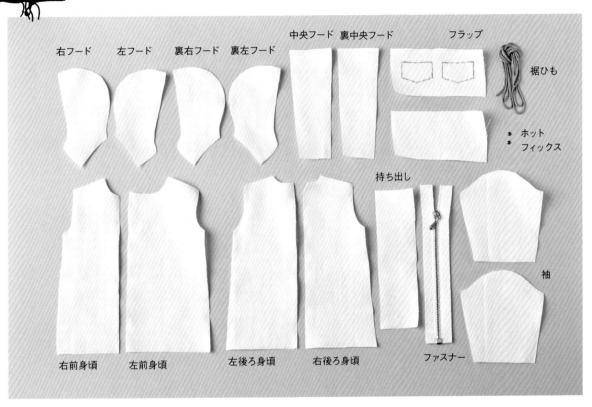

右フード　左フード　裏右フード　裏左フード　中央フード　裏中央フード　フラップ　裾ひも

・ホット
・フィックス

右前身頃　左前身頃　左後ろ身頃　右後ろ身頃　持ち出し　ファスナー　袖

用尺

22cm：コットン生地 22cm × 47cm　　長さ 10cm 以上のミニオープンファスナー 1 本
　　　　2.5mm ホットフィックス 2 個　リリアンひも適量

27cm：コットン生地 22cm × 53cm　　長さ 10cm 以上のミニオープンファスナー 1 本
　　　　2.5mm ホットフィックス 2 個　リリアンひも適量

11cm：コットン生地 9cm × 40cm　　長さ 5cm 以上のミニファスナー 1 本
　　　　2.5mm ホットフィックス 2 個　リリアンひも適量

※ファスナーの調整にペンチとライターが必要です。

1 パーツをカットして、周囲にほつれ止め液を塗っておきます。フラップは四角く粗裁ちした生地に出来上がり線を印しておきます。印は 1 枚のみでかまいません。

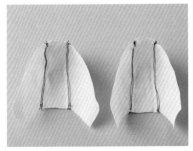

2 138 ページのダッフルコートと同様にフードを縫います。左右のフードを中央フードと中表に合わせて縫い代 3mm で縫い、中央フード側に縫い代を倒してステッチをかけます。中央フードは幅の太い方が首側です。裏フードも表フードと同様に縫い代を倒してステッチします。

3 ダッフルコートと同様に、表と裏のフードを中表に合わせて縫い、表に返してステッチをします。

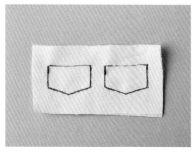

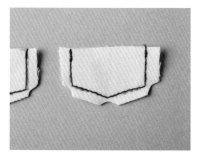

4 フラップを作ります。2枚を中表に合わせて上側を残して縫います。縫い代3mmでカットし、角と上側にほつれ止め液を付けます。

5 角は三角にカットし、表に返したときに布が重ならないようにします。

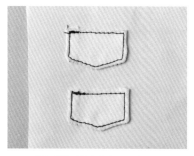

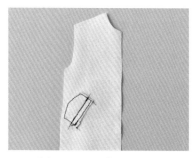

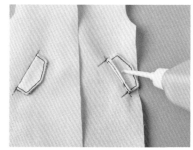

6 表に返して角をきれいに出してアイロンで整えます。紙に乗せて周囲にぐるりとステッチをかけます。

7 前身頃にフラップ付け位置の印を付け、フラップを中表に合わせて縫い付けます。

8 フラップを倒してアイロンをかけ、接着剤で身頃にはります。

9 後ろ身頃にあき止まりの印を付けます。2枚を中表に合わせて襟ぐりからあき止まりまで中心を縫います。

10 縫い代を割り、あき止まりも折って接着剤ではり付けます。

11 持ち出しを作ります。下側を5mm（11cmサイズは3mm）折って接着剤ではります。

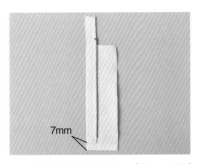

12 持ち出しの下から7mm（11cmサイズは5mm）の位置に、端を合わせてファスナーを重ねます。

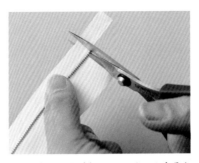

13 上から飛び出たファスナーの余分をカットします。

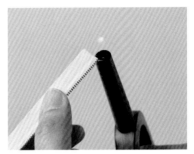

14 カットした端がほつれてくるので、ライターで軽く焼いてほつれ止めをします。

15 余分なファスナーのムシをペンチで引っ張って抜きます。ファスナーテープがほつれてきたら、ライターで焼いてほつれ止めをします。5mm縫い代なので7mm（11cmサイズは5mm）くらいまで抜きます。反対側のファスナーも同様です。

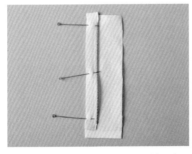

16 持ち出しの表にファスナー端を合わせて重ね、まち針でとめます。

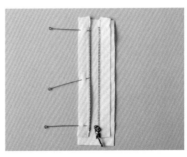

17 もう片側のファスナーと合わせて、長さやムシの位置が合うか確認しておきます。

18 できるだけ端を縫いとめます。

19 右身頃の前立てに持ち出しのファスナー側の端を中表に合わせ、縫い代5mm（11cmサイズは3mm）で縫います。

20 持ち出しをおこして表に返し、アイロンでおさえて整えます。

21 前身頃と後ろ身頃を中表に合わせて肩を縫います。

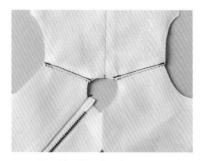

22 肩の縫い代は後ろ身頃側に倒してステッチをかけておさえます。

23 左前身頃の前端にファスナーを付けます。ファスナーを中表に合わせ、下側から縫います。

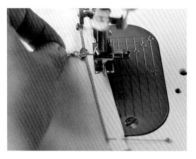

24 ファスナーのスライダーが近くなったら押さえ金をあげ、スライダーを邪魔にならない位置に移動して縫い進めます。

25 ファスナーが付きました。

26 身頃(持ち出し)に1.5cm(11cmサイズは1cm)で見返し、フードに中心の印を付けます。ダッフルコートと同様(140ページ参照)にフードを付けます。

27 身頃の襟ぐりに切り込みを入れ、身頃とフードの中心、見返しの印とフードの端を合わせます。見返しを中表に印から折り返し、フードの上に接着剤ではって襟ぐりを縫います。縫い代には切り込みを入れます。

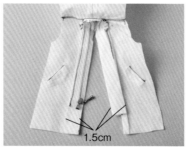

28 見返しにアイロンをかけて1.5cm(11cmサイズは1cm)できちんと折ります。

1.5cm

29 持ち出しの下〜持ち出し〜襟ぐり〜前立てにぐるりとステッチをかけます。ファスナーのスライダーを移動してよけながら縫います。ファスナー上に近い部分はミシンを手回しで縫うと安心です。

30 左前身頃の前端から1cm（11cmサイズは5mm）の位置に印を付け、紙に重ねてステッチをかけます。ここもファスナーのスライダーをよけながら縫います。

ステッチ

31 右前身頃にもステッチを入れます。

32 袖口の縫い代を折って縫います。

33 身頃に袖を付けます。62ページの基本のブラウスを参照して、少しいせ込みながら縫います。縫い代は身頃側に倒します。

34 身頃側に倒した縫い代をおさえてステッチをかけます。

35 後ろ身頃の裾あきに、端から1mmくらいの位置でステッチをかけます。

36 袖と身頃の脇をそれぞれ中表に合わせ、袖下から脇を縫います。脇下の左右の縫い代に切り込みを入れ、表に返します。

37 裾を3mm、5mmの順に三つ折りし、三つ折りのきわを裏を見ながら縫います。11cmサイズは三つ折りにはせず、7mm幅で折って4mmの位置をステッチします。

38 毛糸とじ針にひもを通し、左右の裾にそれぞれ通します。針に通すときは、ひもの先を接着剤で固めておくと通しやすくなります。

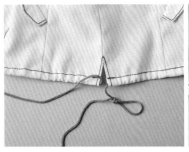

39 ひもの端を、後ろ身頃の裾あき側は輪にしてひと結び、前側はひと結びして端を少し残してカットします。

40 フラップにホットフィックスをアイロンで付けます。

41 アイロンで形を整えれば完成です。

Point

11cmサイズを縫うときは、ファスナーは長さだけでなくテープの幅も細くカットします。ほつれないようにカットした部分をすべてライターで焼いておきます。サイズが小さいので、スライダーをはずしてムシだけを縫い付けます。

テーラードジャケットの作り方

襟から肩まわりを立体的に見せます。
上襟(カラー)と下襟(ラベル)に分かれているのも特徴です。

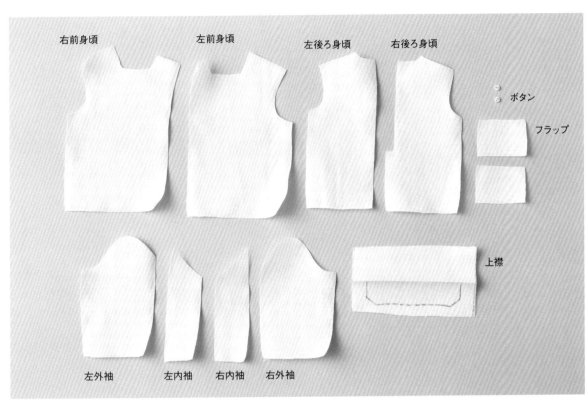

右前身頃　左前身頃　左後ろ身頃　右後ろ身頃

ボタン

フラップ

上襟

左外袖　左内袖　右内袖　右外袖

用尺

22cm：コットン生地 12cm × 40cm　3 ～ 4mm ボタン 2 個
27cm：コットン生地 13cm × 46cm　3 ～ 4mm ボタン 2 個
11cm：コットン生地 7cm × 34cm　3mm ボタン 2 個

1 パーツをカットして、周囲にほつれ
止め液を塗っておきます。上襟は
四角く粗裁ちした生地に出来上が
り線を半分だけ印しておきます。

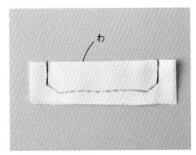

わ

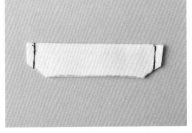

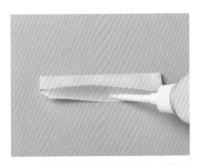

2 上襟を中表に二つ折りして脇を縫います。縫った部分は縫い代 3mm、下側は裁ち切
りでカットします。下側にはほつれ止め液を塗ります。

3 表に返してアイロンで整え、下側に
接着剤を付けてはります。

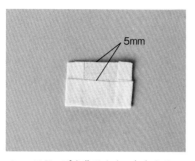

4 フラップを作ります。左右を 5mm（11cm サイズは 3mm）で折り、上を 5mm（11cm サイズは 3mm）残して下を折り上げて接着剤ではります。

5 後ろ身頃に縫い止まりの印を付けます。2 枚を中表に合わせて中心を縫い止まりまで縫います。

6 裾あきを表側に中表に 5mm（11cm サイズは 3mm）折り、裾を縫い代 5mm で縫います。左右とも両方縫います。

7 後ろ身頃を開くとこのような状態になります。

8 裾を表に返して整えます。縫い代は左右に倒します。

9 前身頃と後ろ身頃を中表に合わせて肩を縫い、縫い代を割ります。

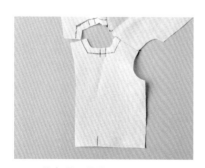

10 前身頃に見返し、見返しの 5mm 後ろに襟付け位置、襟ぐりに 5mm（11cm サイズは 3mm）の縫い線の印を付けます。

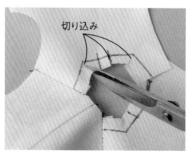

切り込み

11 襟ぐりの角と見返しの印の縫い代に切り込みを入れます。

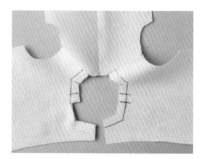

12 見返し部分の襟ぐりの縫い代を、切り込みごとに裏に折って接着剤ではります。反対側も同様に折ってはります。

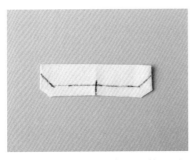

13 上襟に中心と縫い線の印を付けます。

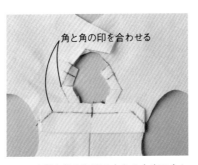

角と角の印を合わせる

14 上襟と後ろ身頃の中心を中表に合わせ、まず中心部分のみ接着剤ではります。

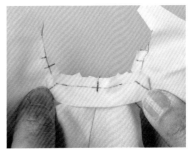

15 次に上襟の角と襟ぐりの角を合わせてはります。

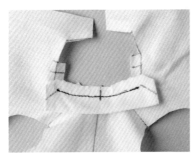

16 そのまま印を合わせて襟ぐりを縫います。

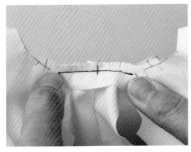

17 縫い代に左右3か所ずつ切り込みを入れます。

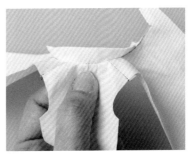

18 縫った部分の襟をおこします。

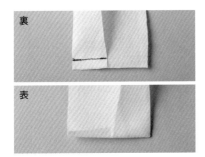

裏

表

19 裾を見返しの印で中表に折って縫い、表に返して整えます。

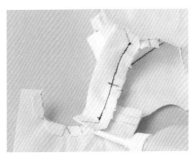

20 残った襟ぐりの縫い代を倒し、接着剤ではります。襟付け位置の印と上襟の端を合わせて接着剤ではります。

21 襟付け位置の印と襟の印がきちんと合います。反対側の襟も同様に付けます。

 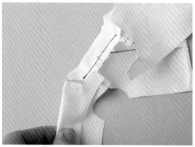 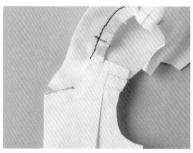

22 見返しを印で外表に折り、上襟の印と合わせます。接着剤でしっかりとはり合わせます。接着剤がはみ出ないように注意してください。ここの処理は縫わずにはり合わせるだけです。この方法は左右がずれないか見ながら調整できるのできれいに作れます。接着剤だけが気になる場合は表から襟ぐりにステッチを入れても問題ありません。

23 左右ともはり合わせるとこのような状態になります。

24 襟ぐりの後ろ側だけにステッチをかけ縫い代をおさえます。

25 前身頃の襟の折り始め位置に印を付けます。

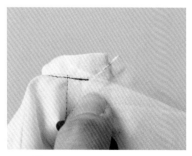  

26 襟ぐりの折り位置は見返しのラインよりもやや内側くらいです。

27 前身頃の印から襟ぐりの折り位置に向かって斜めに折り、アイロンでしっかりおさえます。

28 左右の襟の位置や幅がそろっているか確認します。

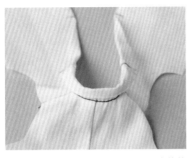

29 後ろは襟を半分くらいに折って立体的になるように立ち上げます。これで襟ができました。

30 袖を作ります。内袖と外袖を中表に合わせて縫います。

31 袖を開き、縫い代を外袖側に倒します。袖口の縫い代を折って接着剤でしっかりはります。襟の作りに合わせて袖口もはるだけで仕上げますが、ステッチを入れても問題ありません。

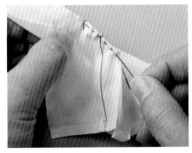

32 袖の中心に印を付けて身頃の袖ぐりと中表に合わせます。袖山が高いので縫い代は 4mm（11cm サイズは 3mm）です。中心線を合わせつつ少しずついせ込みながら合わせてしつけをかけます。

33 左右とも袖を身頃の袖ぐりに合わせてしつけをかけました。

34 基本のブラウスと同様に袖ぐりを縫います。袖山が高いので、ブラウスよりも縫いにくくなります。縫い代は袖側に倒します。

35 袖と身頃の脇をそれぞれ中表に合わせ、袖下から脇を縫います。脇下の左右の縫い代に切り込みを入れます。裾は折っている部分をのばして端まで縫います。

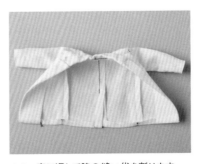

36 表に返して脇の縫い代を割ります。

37 裾を折って接着剤ではります。スリット部分の縫い代もはっておきます。裾もはるだけで仕上げますが、ステッチを入れても問題ありません。

38 アイロンで形を整えます。ジャケットの形ができました。

39 フラップ付け位置に印を付け、フラップを中表に合わせて縫います。

40 裏に接着剤を付け、表に折り返してはり付けます。

41 好みの位置にボタンを縫い付け、位置を確認してボタンホールの印を付けます。

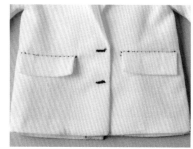

42 ミシンの針目を小さくして往復縫いをします。ボタンホールができました。

43 肩山を潰してアイロンをかけ、立体的でかっちりと見えるように整えます。

41 テーラードジャケットの完成です。はるだけで仕上げている所が多いので、表面にステッチが出ていません。ステッチがないとフォーマルな雰囲気のジャケットになります。ステッチを入れるとカジュアルな雰囲気になります。

小 物
Accessories

バッグや帽子などの小物があると、よりリアルに見えます。
洋服に合わせてぜひ作ってみてください。

小物一覧

帽子とバッグを 2 種類ずつと靴下を紹介します。どれもリアルクローズには合わせやすく応用がきくものです。
帽子は人形によって頭の大きさが違うので、合わせて作ってください。

帽子　　帽子によってパーツの形も仕立て方も変わります。サイズは L・M・S で表記します。

ベレー帽
簡単に作れるかわいいアイテムのひとつ。
飾りは好みのものを付けます。
How to make > P.157

キャップ
シンプルな 6 枚接ぎの形なので、
カジュアルな洋服に合わせやすいアイテム。
How to make > P.159

バッグ　　11cmの肩ひもには市販のテープを使います。

ボディバッグ
素材とファスナー使いで
カジュアル感がアップ。
How to make > P.162

ショルダーバッグ
バックルやカンを使って本格的に。
合わせやすいシンプルな形。
How to make > P.165

靴下

布地やドールによって微妙にサイズが変わるので注意してください。
サイズは L・M・S で表記します。
How to make > P.168
伸縮性のある生地を使用。
チュールにするとレースっぽさが出ます。

ベレー帽の作り方

伸縮性のあるウール生地がおすすめです。起毛のある生地などで作ってもかわいくできます。

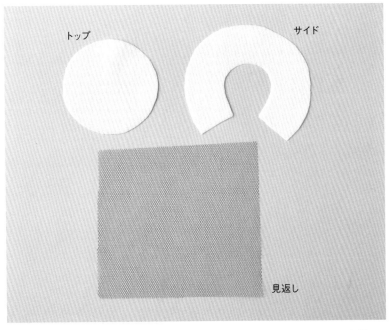

トップ　サイド　見返し

用尺

Lサイズ：圧縮ニット生地等 18cm × 35cm
見返し用チュール生地 18cm × 18cm
Mサイズ：圧縮ニット生地等 8cm × 16cm
見返し用チュール生地 9cm × 9cm
Sサイズ：圧縮ニット生地等 7cm × 14cm
見返し用チュール生地 8cm × 8cm
※帽子のサイズについては 185 ページを参照して下さい。

1 パーツをカットします。見返しは
サイドよりも少し大きめにカット
します。

2 サイドと見返しを中表に合わせて内
側を縫います。この内側がかぶり口
になります。切れ目部分が後ろ中心
です。

3 後ろ中心から切り込みを入れて内側
の余分な見返しをカットし、縫い代
に切り込みを入れます。

4 表に返し、縫い目が内側（見返し側）に
入るようにアイロンをかけて整えます。

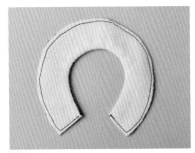

5 外側の周囲にミシンステッチをかけて
余分な見返しをカットします。ステッ
チはできるだけ端にかけます。

6 後ろ中心を中表に合わせて縫い、
わにします。縫い代は 5mm です。

157

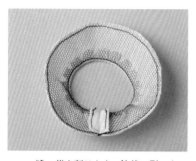

7 縫い代を割ります。鉢状の形になります。

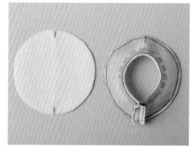

8 生地の目に合わせてトップの中心に印を付けます。サイドの中心にも印を付けます。

9 トップとサイドの印を中表に合わせてまち針でとめます。

10 周囲を縫い代5mmでぐるりと縫います。サイドの後ろ中心の縫い代は割ったままおさえます。

11 周囲の縫い代をカットします。縫い代を3mmほど残して、*5*で縫った縫い目は切り落とします。

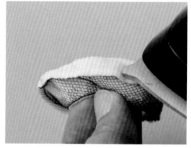

12 縫い代をアイロンで割ります。立体になるので帽子を持ち上げて空中でアイロンをかけます。中に詰め物をしてかけてもよいでしょう。やけどには注意してください。

13 表に返して形を整えれば完成です。

ポンポンの作り方

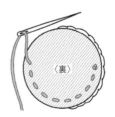

〈裏〉

ファー生地の布端をなみ縫いで縫い、糸を絞って縫いとめます。
そのままベレー帽に縫い付けます。

キャップの作り方

クラウンには薄手、ブリム（つば）には少し厚手の接着芯をはって、ハリを出します。

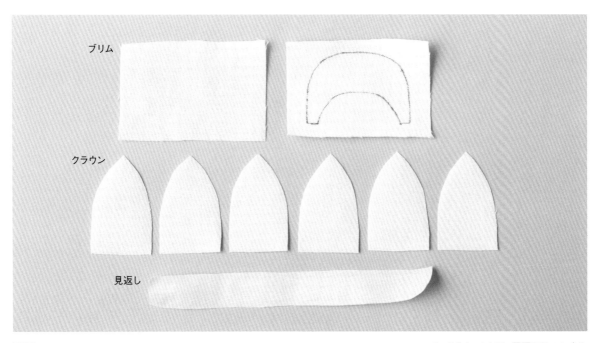

ブリム

クラウン

見返し

用尺

L サイズ：コットン生地 13cm × 56cm　薄手接着芯 10cm × 36cm
厚手接着芯 8cm × 10cm
M サイズ：コットン生地 7cm × 30cm　薄手接着芯 5cm × 18cm
厚手接着芯 4cm × 5cm
S サイズ：コットン生地 6cm × 26cm　薄手接着芯 4cm × 18cm
厚手接着芯 4cm × 4cm
※帽子のサイズについては 185 ページを参照して下さい。

1 パーツをカットして、周囲にほつれ止め液を塗っておきます。ブリムは四角く粗裁ちした生地に出来上がり線を印しておきます。印は1枚のみでかまいません。クラウンには薄手、ブリムの1枚には厚手接着芯をはっておきます。

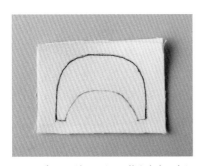

2 ブリムを縫います。2 枚を中表に合わせ、ブリムの先側のみ印に沿って縫います。

3 縫った部分は縫い代 3mm ほどを残し、ほかは裁ち切りでカットします。裁ち切り部分にほつれ止め液を塗り、乾かします。

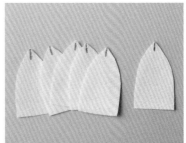

4 クラウンの先に中心の印を付けます。

6
小
物

5 クラウン2枚を中表に合わせ、中心の印から下まで縫います。

6 同様に、6枚を縫い合わせます。

7 縫い代をアイロンで割ります。

8 縫い目の左右にステッチをかけて縫い代をおさえます。最後の1か所（後ろ中心）だけがあいている状態です。

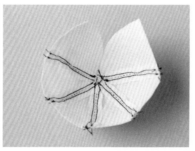

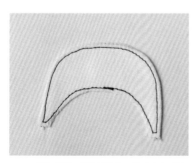

9 ブリムのほつれ止め液が乾いたら、縫い代のカーブ部分に三角に切り込みを入れます。

10 表に返して形を整え、紙の上に重ねて端にぐるりとステッチをかけます。

11 ブリムの中心に印を付けます。クラウンの中心の縫い目と印を中表に合わせてまち針でとめます。ブリムの端はなりゆきで合わせますが、左右でずれないように注意します。

12 ブリムのステッチの上あたり、2mmくらいの位置を縫います。

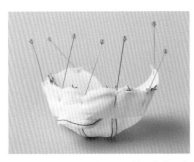

13 見返しをクラウンの下側に中表に合わせます。ブリムははさんだ状態です。

14 縫い代5mmで縫います。

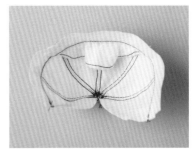

15 見返しをおこし、見返し側にステッチをかけます。

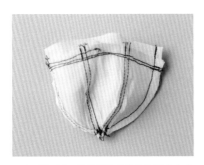

16 残っている後ろ中心を中表に合わせて縫います。

17 縫い代を割ります。立体になるので帽子を持ち上げて空中でアイロンをかけます。中に詰め物をしてかけてもよいでしょう。やけどには注意してください。

18 見返しを内側に折り上げて、ブリムの端から後ろ側のみステッチをかけておさえます。折り上げるときは縫い目が内側に入る位置で折ります。

19 キャップの完成です。

ボディバッグの作り方

クローズタイプのファスナーを使います。オープンタイプに比べて長さの調整が楽にできます。

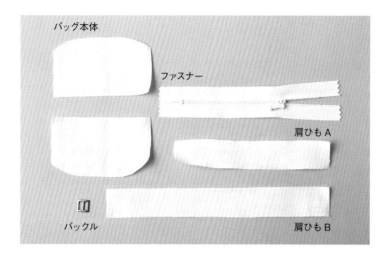

用尺

22cm、27cm 共通：
コットンやナイロン生地等 17cm × 14cm
長さ 8cm 以上のミニファスナー
内径 6mm のバックル 1 個
11cm：コットンやナイロン生地等 4cm × 10cm
長さ 6cm 以上のミニファスナー
内径 3 〜 4mm のバックル 1 個
3 〜 4mm 幅のグログランテープ 15cm
※ファスナーのほつれ止めにライターが必要です。

1 パーツをカットして、周囲にほつれ止め
液を塗っておきます。

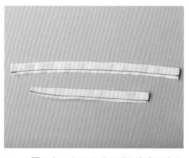

2 肩ひも A と B をそれぞれ中表に合わ
せ、縫い代 3mm で筒に縫います。

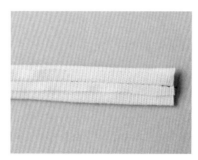

3 縫い代をアイロンで割ります。

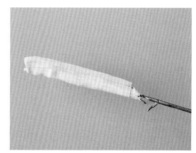

4 ループ返しを中に通して先から出
し、布端を引っ掛けて内側を通して
引き出します。

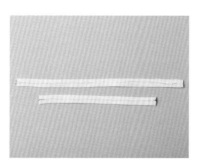

5 肩ひもが表に返りました。縫い目を
中心に折り直してアイロンでおさえて
整えます。

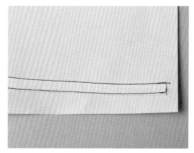

6 肩ひもを紙に重ねて周囲にステッチ
をかけます。片方の短辺は残しておき
ます。

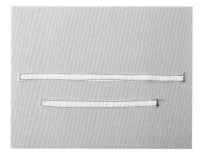

7 肩ひもができました。

8 肩ひも A をバックルに通し、中表に二つ折りします。

9 バッグ本体の口(直線部分)の縫い代を5mmで折ります。ここにファスナーが付きます。

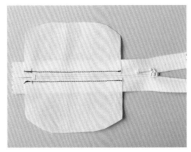

10 本体にファスナーを重ねます。本体にファスナー付け位置の印を付け、ファスナーの下止まりを印に合わせて縫います。印の位置は布端から6mm(11cm サイズは4mm)、本体の間のファスナー部分は4mm ほどです。

11 ファスナーの余分をカットします。

12 カットした端がほつれてくるので、ライターで軽く焼いてほつれ止めをします。

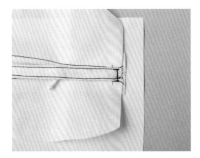

13 ファスナー下止まり側の中心に肩ひも B を表を上にして重ねます。紙と一緒に肩ひもの端を縫い付けます。

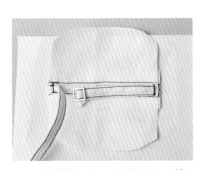

14 反対側にバックルに通した二つ折りの肩ひも A を縫い付けます。

15 本体を中表に合わせて底を縫います。肩ひもを一緒に縫わないように注意してください。

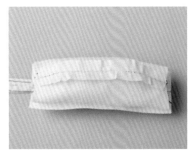

16 底の縫い代をアイロンで割ります。

17 底の縫い目とファスナー中心を中表に合わせて両脇を縫います。

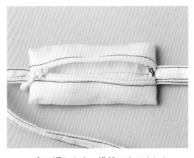

18 表に返します。袋状になりました。

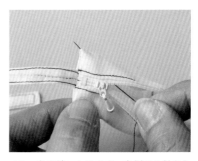

19 角を縫いとめます。内側から針を入れて角に出します。

20 脇の肩ひもの付け根に針を入れ、もう一度角に針を出して縫いとめます。

21 反対側も同様にとめます。バッグ本体が四角の形になります。

22 肩ひもAに通したバックルに肩ひもBを通します。

23 肩ひもBの端を折って接着剤で仮止めし、縫います。

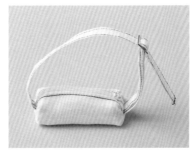

24 完成です。バッグの形をきれいに出したいときは、中に詰め物をしてもよいでしょう。

ショルダーバッグの作り方

簡単に作れて、中に物を入れることもできます。素材によって見え方が変わりそうです。

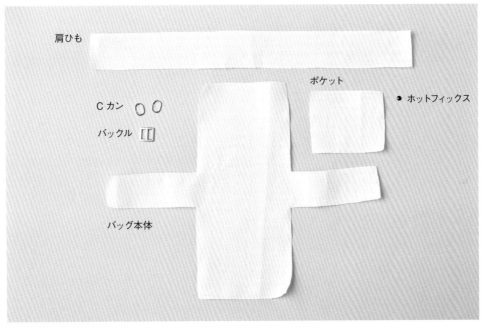

肩ひも

ポケット

Cカン

● ホットフィックス

バックル

バッグ本体

用尺

22cm、27cm 共通：
コットン生地 20cm × 20cm　2.5mm ホットフィックス 1 個
内径 6mm のバックル 1 個
11cm：
コットン生地 20cm × 20cm　2.5mm ホットフィックス 1 個
内径 3 ～ 4mm のバックル 1 個
3 ～ 4mm 幅のグログランテープ 11cm

1 パーツをカットして、周囲にほつれ止め液を塗っておきます。

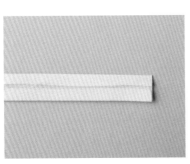

2 肩ひもの端を中心で突き合わせてから折り、四つ折りにします。

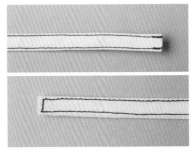

3 肩ひもを紙に重ねて周囲にステッチをかけます。片方の短辺は残しておきます。

4 52ページを参照してポケットを作ります。

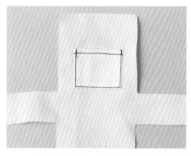

5 本体前にポケット付け位置の印を付け、ポケットを合わせて脇と底を縫います。

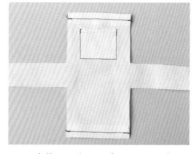

6 本体の口を1cm（11cmサイズは7mm）折って5mm（11cmサイズは3mm）あたりを縫います。

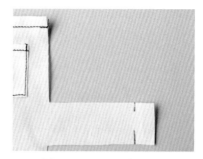

7 本体マチの口に1cm（11cmサイズは7mm）の印を付けます。

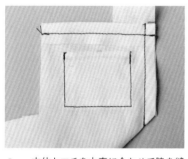

8 本体とマチを中表に合わせて脇を縫います。

9 4辺とも縫って袋状にします。

10 飛び出しているマチの口の縫い代を折って接着剤ではります。

11 横から見るとこのようになっています。マチの口が内側に折られた状態です。

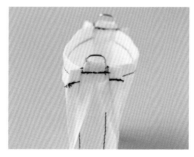

12 マチの口にCカンを通して内側に折り、接着剤で仮止めしてから縫います。

13 表に返して形を整えます。バッグ本体の形ができました。

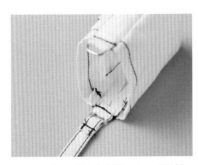

14 Ｃカンに肩ひもを通し、1cmほど折って縫いとめます。

15 肩ひもをバックルに通し、続けて反対側のＣカンに外から内に向けて通します。

16 次にバックルに戻って、先に通したひもの内側になるように通します。

17 1.7cmほど折り返してひもの端を接着剤ではり、縫いとめます。

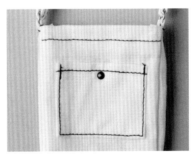

18 ポケットの上中心にホットフィックスをアイロンではります。

19 形を整えれば完成です。

6
小
物

靴下の作り方

布を選んでいくつか作っておくと便利です。
使う素材や伸縮度によって着用感にかなり違いが出ます。ここでは一般的な天竺生地を使います。
ステッチ糸はニット用のミシン糸を使用してください。

用尺

L サイズ：
ニット生地 16cm × 14cm
M サイズ：
ニット生地 14cm × 14cm
S サイズ：
ニット生地 7cm × 10cm
※靴下のサイズについては 185 ページを
　参照してください。

1　パーツをカットします。

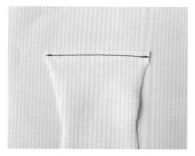

2　口の縫い代を折って接着剤ではり、
　　紙に重ねて縫います。

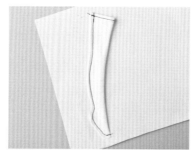

3　中表に合わせて紙に重ね、後ろ側
　　をつま先まで縫います。

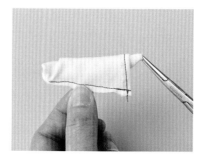

4　鉗子で内側からつま先をはさんで表
　　に返します。

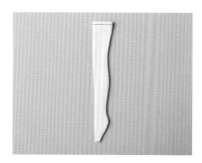

5　形をきれいに出してアイロンをかけて
　　整えれば完成です。

ニットなど伸縮性のある生地用のミシ
ン糸です。布に合わせて糸にも伸縮
性があるので、フィットします。

Chapter
7

コーディネート

Coordination

8〜32ページに掲載したコーディネート以外の組み合わせです。
素材や色、パーツの組み合わせでたくさんのコーディネートが作れるので、
アレンジして楽しんでください。

ラグランスリーブのカットソー、3段ティアードスカート、キャップ、ボディバッグ　shoes：PetWORKs

台襟付き角襟の長袖ブラウス、カーディガン、プリーツスカート、ボディバッグ　shoes：Sekiguchi

ボウカラーのパフスリーブの長袖ブラウス、テーラードジャケット、ストレートパンツ、ベレー帽　shoes：PetWORKs

オールインワン　shoes：Sekiguchi

パーカー、ショートパンツ、短い靴下

フラットカラー丸襟のパフスリーブの半袖ブラウス、ストレートパンツ、ベレー帽、ショルダーバッグ、短い靴下　shoes：PetWORKs

半袖Tシャツ、ジャンパースカート、モッズコート、ボディバッグ
shoes：Sekiguchi

半袖プリントTシャツ、カーディガン、タイトスカート、ボディバッグ
shoes：Sekiguchi

ラグランスリーブのカットソー、プリーツスカート、モッズコート
shoes：Sekiguchi

フラットカラー丸襟のノースリーブフレアワンピース shoes：Sekiguchi

スタンドカラーのドロップショルダーのオーバーサイズブラウス、カー
ゴパンツ、ダッフルコート、ショルダーバッグ　shoes：Sekiguchi

フラットカラー丸襟のパフスリーブの半袖Aラインワンピース、ベレー帽、長い靴下　shoes：Sekiguchi

ノースリーブの後ろあきブラウス、テーラードジャケット、スキニーパンツ　shoes：Sekiguchi

11cm サイズ

スウェット、プリーツスカート、ダッフルコート

ノースリーブのカットソー、スキニーパンツ、モッズコート

ボートネックの7分袖カットソー、タックワイドパンツ、キャップ、
ショルダーバッグ

スクエアカラーの後ろあきパフスリーブの半袖ブラウス、ジャンパー
スカート、短い靴下

ラグランスリーブのカットソー、カーゴパンツ、ボディバッグ

半袖プリントTシャツ、タイトスカート、カーディガン

11cm ／ Model：左 ミニジョシィ F.L.C. モデル RED　右 ミニジョシィ F.L.C. モデル BLONDE
©PetWORKs Co.,Ltd.

アイテム一覧

掲載したアイテムをサイズ別に分けてまとめています。
それぞれに作品掲載ページと作り方ページ、型紙掲載ページを表記しています。

22cm

トップス

**フラットカラー角襟の
半袖ブラウス**
作品：60 ページ
作り方：62 ページ
型紙：襟 188 ページ、
身頃 186 ページ、袖 187 ページ

開襟の半袖ブラウス
作品：60 ページ
作り方：62、69 ページ
型紙：襟 188 ページ、
身頃 186 ページ、袖 187 ページ、
フラップ 186 ページ

**フラットカラー丸襟の
パフスリーブの半袖ブラウス**
作品：60、171 ページ
作り方：62、70 ページ
型紙：襟 188 ページ、
身頃 186 ページ、袖 187 ページ

**台襟付き角襟の
長袖ブラウス**
作品：60、170 ページ
作り方：62、67、72 ページ
型紙：襟 188 ページ、
身頃 186 ページ、袖 187 ページ、
ポケット 186 ページ

**スタンドカラーの
長袖ブラウス**
作品：31、60 ページ
作り方：62、67、72 ページ
型紙：襟 188 ページ、
身頃 186 ページ、袖 187 ページ、
ポケット 186 ページ

**フラットカラー角襟の
ドロップショルダーの
オーバーサイズブラウス**
作品：10、61 ページ
作り方：62、72、73 ページ
型紙：襟 188 ページ、
身頃 193 ページ、袖 193 ページ、
ポケット 186 ページ

**ボウカラーのパフスリーブの
長袖ブラウス**
作品：14、61、170 ページ
作り方：62、68、70 ページ
型紙：襟 188 ページ、
身頃 186 ページ、袖 187 ページ

**ノースリーブの
後ろあきブラウス**
作品：77 ページ
作り方：78 ページ
型紙：身頃 200 ページ

**スクエアカラーの
後ろあきパフスリーブの
半袖ブラウス**
作品：12、77 ページ
作り方：70、78、81 ページ
型紙：襟 200 ページ、
身頃 200 ページ、袖 187 ページ

半袖Tシャツ
作品：10、19、83、171 ページ
作り方：84 ページ
型紙：身頃 203 ページ、
袖 203 ページ

長袖カットソー
作品：83 ページ
作り方：84 ページ
型紙：身頃 203 ページ、
袖 203 ページ
※着丈を短くアレンジ

**ラグランスリーブの
カットソー**
作品：10、83、170 ページ
作り方：84、88 ページ
型紙：身頃 208 ページ、
袖 208 ページ

スウェット
作品：31、89 ページ
作り方：90 ページ
型紙：身頃 211 ページ、
袖 211 ページ

パーカー
作品：89、171 ページ
作り方：93 ページ
型紙：フード 211 ページ、
身頃 211 ページ、袖 211 ページ

カーディガン
作品：19、89、170 ページ
作り方：96 ページ
型紙：身頃 215 ページ、
袖 215 ページ

ギャザースカート
作品：100 ページ
作り方：101 ページ
型紙：スカート 219 ページ
ウエストベルト 221 ページ

**3 段ティアードスカート
ウエストゴム**
作品：100、170 ページ
作り方：101、110 ページ
型紙：スカート 219 ページ

タックスカート
作品：19、100 ページ
作り方：105 ページ
型紙：スカート 221 ページ
ウエストベルト 221 ページ

プリーツスカート
作品：31、100、170 ページ
作り方：108 ページ
型紙：スカート 226、227 ページ
ウエストベルト 226 ページ

**フラップポケット付き
タイトスカート**
作品：10、100 ページ
作り方：106 ページ
型紙：スカート 222 ページ
ウエストベルト 222 ページ
カーゴポケット 230 ページ

ストレートパンツ
作品：31、112、170、171 ページ
作り方：113 ページ
型紙：パンツ 230 ページ
ウエストベルト 230 ページ
ポケット 233 ページ

サブリナパンツ
作品：10、112 ページ
作り方：113 ページ
型紙：パンツ 233 ページ
ウエストベルト 233 ページ
ポケット 233 ページ

タックワイドパンツ
作品：112 ページ
作り方：118 ページ
型紙：パンツ 236 ページ
ウエストベルト 236 ページ

ショートパンツ
作品：112、171 ページ
作り方：118 ページ
型紙：パンツ 236 ページ
ウエストベルト 236 ページ
※ウエストをギャザーにアレンジ

ワンピース

**フラットカラー丸襟の
パフスリーブの長袖
ギャザースカートワンピース**
作品：12、77、122 ページ
作り方：70、78、81、123 ページ
型紙：襟 200 ページ　身頃 239 ページ
袖 187 ページ　スカート 219 ページ

**台襟付き角襟の
パフスリーブの半袖
フレアスカートワンピース**
作品：21、77、100、111 ページ
作り方：70、78、82、104、
123 ページ
型紙：襟 200 ページ
身頃 239 ページ　袖 187 ページ
スカート 220 ページ

**セーラーカラーの
パフスリーブの長袖ワンピース**
作品：13 ページ
作り方：70、74、123 ページ
型紙：襟 197 ページ　身頃 197 ページ
袖 187 ページ　スカート 197 ページ

**フラットカラー角襟の
ノースリーブの
オールインワン**
作品：77、122、170 ページ
作り方：78、81、118、123 ページ
型紙：襟 200 ページ
身頃 239 ページ
パンツ 236 ページ

**スクエアカラーの
パフスリーブの長袖
A ラインワンピース**
作品：29、77、122 ページ
作り方：70、81、126 ページ
型紙：襟 200 ページ
身頃 241 ページ　袖 187 ページ

ジャンパースカート
作品：12、122、171 ページ
作り方：130 ページ
型紙：胸当て 245 ページ
スカート 245 ページ

サロペット
作品：14、122 ページ
作り方：127 ページ
型紙：胸当て 244 ページ
パンツ 246 ページ

エプロン
作品：12、122 ページ
作り方：127、133 ページ
型紙：244 ページ
※あきの処理はスプリングホックの
　オスとメス

アウター

ダッフルコート
作品：31、136 ページ
作り方：137 ページ
型紙：253 ～ 255 ページ

モッズコート
作品：10、136、171 ページ
作り方：143 ページ
型紙：253 ～ 255 ページ

ジャケット
作品：31、136、170 ページ
作り方：149 ページ
型紙：261 ページ

トップス

**台襟付き角襟の
長袖ブラウス**
作品：18 ページ
作り方：62、67、72 ページ
型紙：襟 191 ページ、
身頃 189 ページ、袖 190 ページ、
ポケット 189 ページ

**ボウカラーの
パフスリーブの半袖ブラウス**
作品：28 ページ
作り方：62、68、70 ページ
型紙：襟 191 ページ、
身頃 189 ページ、袖 190 ページ

**スタンドカラーの
ドロップショルダーの
オーバーサイズブラウス**
作品：30、58、172 ページ
作り方：62、67、72、73 ページ
型紙：襟 191 ページ、
身頃 194 ページ、袖 195 ページ、
ポケット 189 ページ

**セーラーカラーの
半袖ブラウス**
作品：16、61 ページ
作り方：74 ページ
型紙：襟 198 ページ、
身頃 198 ページ、袖 190 ページ

**ノースリーブの
後ろあきブラウス**
作品：173 ページ
作り方：78 ページ
型紙：身頃 201 ページ

**ノースリーブの
U ネックカットソー**
作品：83 ページ
作り方：78、84 ページ
型紙：身頃 204 ページ

半袖 T シャツ
作品：20、172 ページ
作り方：84 ページ
型紙：身頃 204 ページ、
袖 204 ページ
※写真を転写プリントする

**ラグランスリーブの
カットソー**
作品：172 ページ
作り方：84、88 ページ
型紙：身頃 209 ページ、
袖 209 ページ

**ボートネックの
七分袖カットソー**
作品：83 ページ
作り方：84、87 ページ
型紙：身頃 207 ページ、袖 207 ページ

長袖スウェット
作品：8 ページ　作り方：90 ページ
型紙：身頃 212、213 ページ、
袖 212 ページ

カーディガン
作品：18、172 ページ
作り方：96 ページ
型紙：身頃 216、217 ページ、
袖 217 ページ

ボトムス

プリーツスカート
作品：8、172 ページ
作り方：108 ページ
型紙：スカート 228、229 ページ
ウエストベルト 228 ページ

タイトスカート
作品：172 ページ
作り方：106 ページ
型紙：スカート 223 ページ
ウエストベルト 223 ページ

スキニーパンツ
作品：30、58、112、173 ページ
作り方：113 ページ
型紙：パンツ 234 ページ
ウエストベルト 234 ページ
ポケット 231 ページ

カーゴパンツ
作品：18、172 ページ
作り方：113 ページ
型紙：パンツ 231 ページ
（ストレートパンツの型紙使用）
ウエストベルト 231 ページ
カーゴポケット 230 ページ
ポケット 231 ページ

ワンピース

タックワイドパンツ
作品：20 ページ
作り方：118 ページ
型紙：パンツ 237 ページ
ウエストベルト 237 ページ

**台襟付き角襟の
パフスリーブの長袖
ギャザースカートワンピース**
作品：17、134 ページ
作り方：70、78、82、123 ページ
型紙：襟 201 ページ
身頃 239 ページ　袖 190 ページ
スカート 219 ページ

**フラットカラー丸襟の
ノースリーブフレアワンピース**
作品：172 ページ
作り方：78、81、104、123 ページ
型紙：襟 201 ページ
身頃 239 ページ　スカート 220 ページ

**フラットカラー丸襟の
パフスリーブの半袖
A ラインワンピース**
作品：173 ページ
作り方：70、81、126 ページ
型紙：襟 201 ページ
身頃 242 ページ　袖 190 ページ

ジャンパースカート
作品：16 ページ
作り方：127、130 ページ
型紙：胸当て 247 ページ
スカート 249 ページ

サロペット
作品：28 ページ
作り方：127、130 ページ
型紙：胸当て 248 ページ
パンツ 250 ページ

エプロン
作品：17、134 ページ
作り方：127、133 ページ
型紙：247 ページ
※あきの処理は
　スプリングホックの
　オスとメス

アウター

ダッフルコート
作品：8、172 ページ
作り方：137 ページ
型紙：256 ～ 258 ページ

モッズコート
作品：30、58、172 ページ
作り方：143 ページ
型紙：256 ～ 258 ページ

テーラードジャケット
作品：20、173 ページ
作り方：149 ページ
型紙：262 ページ

11cm

トップス

**スタンドカラーの
ドロップショルダーの
オーバーサイズブラウス**
作品：32、175 ページ
作り方：62、67、72、73 ページ
型紙：襟 192 ページ、身頃 196 ページ、
袖 196 ページ

開襟の長袖ブラウス
作品：23 ページ
作り方：62、69 ページ
型紙：襟 192 ページ、身頃 192 ページ、
袖 192 ページ、ポケット 192 ページ

**セーラーカラーの
半袖ブラウス**
作品：25 ページ
作り方：74 ページ
型紙：襟 199 ページ、
身頃 199 ページ、
袖 192 ページ

**スクエアカラーの後ろあき
パフスリーブの半袖ブラウス**
作品：27、174 ページ
作り方：70、78、81 ページ
型紙：襟 202 ページ、
身頃 202 ページ、袖 192 ページ

半袖 T シャツ
作品：24、174 ページ
作り方：84 ページ
型紙：身頃 205 ページ、袖 205 ペー
ジ
※写真を転写プリントする

**ノースリーブの
カットソー**
作品：27、173 ページ
作り方：78 ページ
型紙：身頃 205 ページ

**ボートネックの
七分袖カットソー**
作品：174 ページ
作り方：84、87 ページ
型紙：身頃 205 ページ、
袖 205 ページ

**ラグランスリーブの
カットソー**
作品：26、174 ページ
作り方：84、88 ページ
型紙：身頃 210 ページ、
袖 210 ページ

ボトムス

スウェット
作品：173 ページ
作り方：90 ページ
型紙：身頃 214 ページ、
袖 214 ページ

パーカー
作品：26 ページ
作り方：93 ページ
型紙：フード 214 ページ、
身頃 214 ページ、袖 214 ページ

カーディガン
作品：23、174 ページ
作り方：96 ページ
型紙：身頃 218 ページ、
袖 218 ページ

プリーツスカート
作品：26、173 ページ
作り方：108 ページ
型紙：スカート 225 ページ
ウエストベルト 225 ページ

タイトスカート
作品：26、174 ページ
作り方：106 ページ
型紙：スカート 224 ページ
ウエストベルト 224 ページ

タックワイドパンツ
作品：24、174 ページ
作り方：118 ページ
型紙：パンツ 238 ページ
ウエストベルト 238 ページ

カーゴパンツ
作品：23、174 ページ
作り方：113 ページ
型紙：パンツ 232 ページ
（ストレートパンツの型紙使用）
ウエストベルト 232 ページ
カーゴポケット 232 ページ
ポケット 235 ページ

スキニーパンツ
作品：27、32、173、175 ページ
作り方：113 ページ
型紙：パンツ 235 ページ
ウエストベルト 235 ページ
ポケット 235 ページ

ワンピース

**フラットカラー丸襟の
パフスリーブの長袖
ギャザースカートワンピース**
作品：25 ページ
作り方：70、78、81、123 ページ
型紙：襟 202 ページ　身頃 240 ページ
袖 192 ページ　スカート 240 ページ

**フラットカラーの
ノースリーブ
A ラインワンピース**
作品：32、175ページ
作り方：78、81、126 ページ
型紙：襟 202 ページ
身頃 243 ページ

ジャンパースカート
作品：25、174 ページ
作り方：130 ページ
型紙：胸当て 252 ページ
スカート 252 ページ

エプロン
作品：25 ページ
作り方：127、133 ページ
型紙：胸当て 251 ページ
スカート 251 ページ
※あきの処理は 3mm パール
ビーズと糸ループ

アウター

サロペット
作品：27 ページ
作り方：127 ページ
型紙：胸当て 251 ページ
パンツ 252 ページ

ダッフルコート
作品：24、173 ページ
作り方：137 ページ
型紙：259、260 ページ

モッズコート
作品：26、173 ページ
作り方：143 ページ
型紙：259、260 ページ

テーラードジャケット
作品：27 ページ
作り方：149 ページ
型紙：263 ページ

29cm（男子） ※型紙は 27cm サイズを 110％拡大します。

トップス

台襟付き角襟の長袖シャツ
作品：22 ページ
作り方：62、67、72 ページ
型紙：襟 191 ページ、身頃 189 ページ、
袖 190 ページ、ポケット 189 ページ

**スタンドカラーの
長袖シャツ**
作品：15 ページ
作り方：62、67、72 ページ
型紙：襟 191 ページ、身頃 189 ページ、
袖 190 ページ

長袖カットソー
作品：22 ページ
作り方：84 ページ
型紙：身頃 204 ページ、
袖 204 ページ

スウェット
作品：22 ページ
作り方：90 ページ
型紙：身頃 212、213 ページ、
袖 212 ページ

ボトムス

アウター

カーディガン
作品：22 ページ
作り方：96 ページ
型紙：身頃 216、217 ページ、
袖 217 ページ

スキニーパンツ
作品：15、22 ページ
作り方：113 ページ
型紙：パンツ 234 ページ
ウエストベルト 234 ページ
ポケット 231 ページ

カーゴパンツ
作品：22 ページ
作り方：113 ページ
型紙：パンツ 231 ページ
（ストレートパンツの型紙使用）
ウエストベルト 231 ページ
カーゴポケット 230 ページ
ポケット 231 ページ

テーラードジャケット
作品：15 ページ
作り方：149 ページ
型紙：262 ページ

ベレー帽
作品：8、13、26、31、156、
170、171、173 ページ
作り方：157 ページ
型紙：264、265 ページ

キャップ
作品：30、156、170、
174 ページ
作り方：159 ページ
型紙：266、267 ページ

ショルダーバッグ
（22・27・29cm）
作品：10、31、156、170、
171、172 ページ
作り方：165 ページ
型紙：269、270 ページ

ショルダーバッグ（11cm）
作品：32、174 ページ
作り方：165 ページ
型紙：270 ページ

ボディバッグ（22・27cm）
作品：10、30、156、170、171、
172 ページ
作り方：162 ページ
型紙：268 ページ

ボディバッグ（11cm）
作品：26、174 ページ
作り方：162 ページ
型紙：268 ページ

靴下（L・M）
作品：8、10、12、13、
16、17、29、156、
171、173 ページ
作り方：168 ページ
型紙：271 ページ

靴下（S）
作品：25、32、174 ページ
作り方：168 ページ
型紙：271 ページ

作品の型紙

- 176 ～ 184 ページに掲載したアイテムの型紙です。アイテムごとに各サイズを掲載しています。
- 基本的に原寸で掲載しています。拡大率のあるものは、その％に拡大してご使用ください。
- 掲載通りに襟や袖を組み合わせても、アレンジしても使えます。
- 型紙は縫い代を含んでいます。外側の線が縫い代込み、内側の線が出来上がりです。
- 破線にマルはわの印なので、印から左右対称に型紙を作ってください。
- パーツ名×の後の数字は、必要枚数です。
- 指示のない細い破線はステッチ、矢印は布目の向きを表しています。
- 出来上がりは作る人の手の加減によって多少差の出ることがあります。

サイズ調整のしかた

同じサイズでも人形によって微妙にサイズが違うので、着用感に差が出ます。

洋服のサイズについて

- 11cm サイズはピコニーモ P ボディを基準にしています。オビツボディ 11 にも着用できますが、袖丈とパンツ丈、スカート丈が長くなります。袖丈は 3mm、パンツ丈は 5mm 短くするとちょうどよい長さになります。スカート丈はお好みで調整してください。
- 22cm サイズは一般的に 22cm に分類されている人形(リカちゃんやブライスなど)を基準にしています。ピュアニーモ S サイズにもそのまま着用できますが、フレクションボディは袖丈が少し短くなります。20cm サイズ(ピュアニーモ XS サイズ)にも 22cm サイズの型紙を使用します。全体的に少し大きめの着用感となりますが、そのまま着用できます。
- 27cm サイズは momoko を基準にしています。ユノアクルス・ライト フロゥライトにもそのまま着用できます。この本では男子のアズライトは 29cm サイズと同等のサイズに分類しています。
- 29cm サイズは六分の一男子図鑑のナインを基準にしています。29cm サイズの型紙はありませんが、27cm サイズを 110% 拡大でコピーして使用するとちょうどよいサイズ感になります。パンツ丈は長めになるので調整が必要です。エイトは 28cm サイズなので袖丈とパンツ丈の調整が必要です。ユノアクルス・ライト アズライトもエイトと同じく調整が必要です。

帽子のサイズについて

- L サイズは頭囲約 27cm (ブライスなど)、M サイズは頭囲約 12cm (ピュアニーモ系ドール、ruruko、リカちゃんなど)、S サイズは頭囲約 9.5cm (momoko、六分の一男子図鑑、SugarCups など)です。

靴下のサイズについて

- L サイズは momoko、ピュアニーモ XS サイズの脚に合うサイズです。長さは型紙を確認してください。
- M サイズはピュアニーモ S サイズやリカちゃんなどの 22cm ドール、ユノアクルス・ライトの脚に合うサイズです。
- S サイズはピコニーモ P ボディ、オビツボディ 11 の脚に合うサイズです。
- 靴下は使用する生地によってかなりサイズ感が変わってきます。はかせてみて、きつかったりゆるかったりする場合は型紙を調整してください。

※P.186〜188 のパーツを組み合わせる。

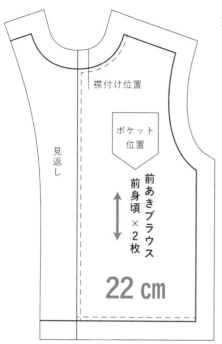

襟付け位置

見返し

ポケット位置

前あきブラウス
前身頃
×2枚

22 cm

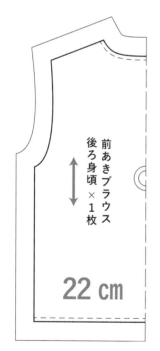

前あきブラウス
後ろ身頃
×1枚

22 cm

22 cm

ポケットB×1枚

ブラウス用
フラップ ×2枚

22cm

22 cm

ポケットA×1枚

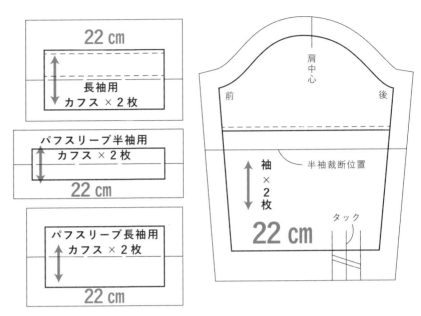

22 cm

長袖用
カフス × 2枚

パフスリーブ半袖用
カフス × 2枚
22 cm

パフスリーブ長袖用
カフス × 2枚
22 cm

肩中心

前　　後

半袖裁断位置

袖
×
2
枚

22 cm

タック

※パフスリーブは後ろあき共通。

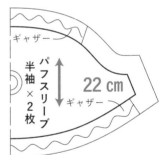

ギャザー

パフスリーブ
半袖×2枚

22 cm

ギャザー

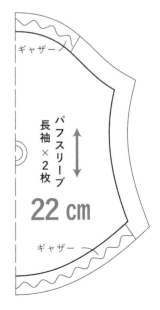

ギャザー

パフスリーブ
長袖×2枚

22 cm

ギャザー

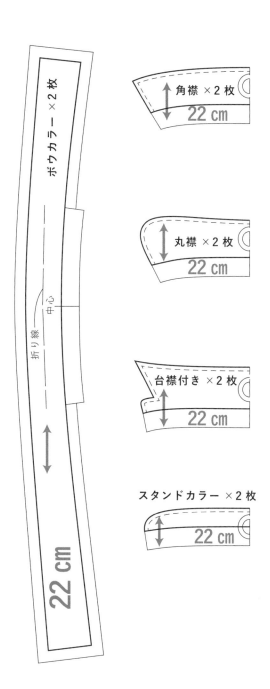

角襟 ×2枚
22㎝

丸襟 ×2枚
22㎝

台襟付き ×2枚
22㎝

スタンドカラー ×2枚
22㎝

※ P.189〜191 のパーツを組み合わせる。

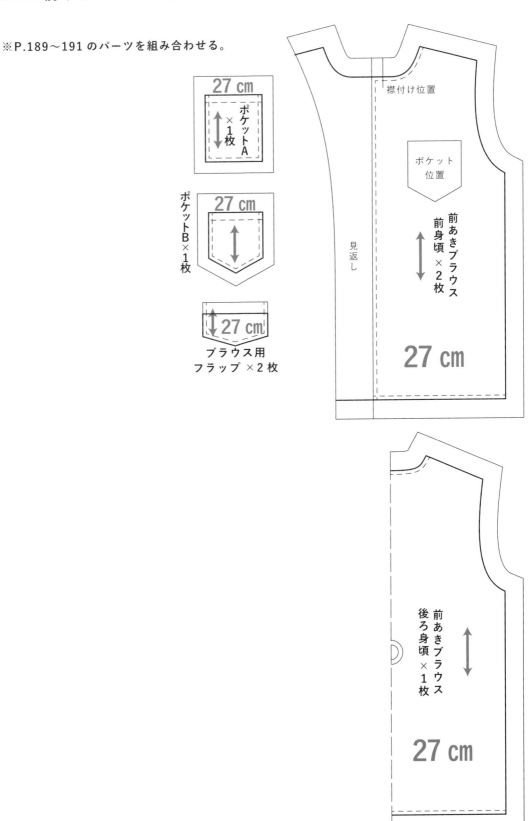

27 cm

ポケットA ×1枚

27 cm

ポケットB ×1枚

27 cm

ブラウス用 フラップ ×2枚

襟付け位置

ポケット位置

前あきブラウス 前身頃 ×2枚

見返し

27 cm

前あきブラウス 後ろ身頃 ×1枚

27 cm

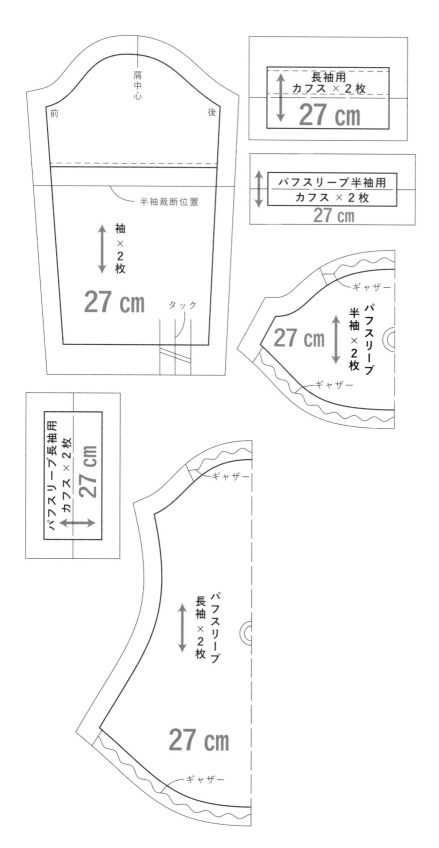

※パフスリーブは
　後ろあき共通。

長袖用
カフス×2枚
27 cm

パフスリーブ半袖用
カフス×2枚
27 cm

肩中心
前　　　後
半袖裁断位置
袖×2枚
27 cm
タック

ギャザー
パフスリーブ半袖×2枚
27 cm
ギャザー

パフスリーブ長袖用
カフス×2枚
27 cm

ギャザー
パフスリーブ長袖×2枚
27 cm
ギャザー

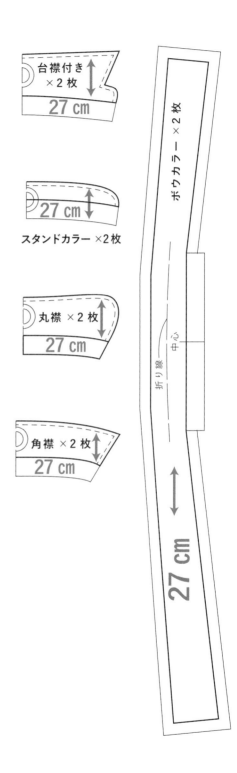

台襟付き ×2枚　27cm

スタンドカラー ×2枚　27cm

丸襟 ×2枚　27cm

角襟 ×2枚　27cm

ボウカラー ×2枚

折り線　中心

27cm

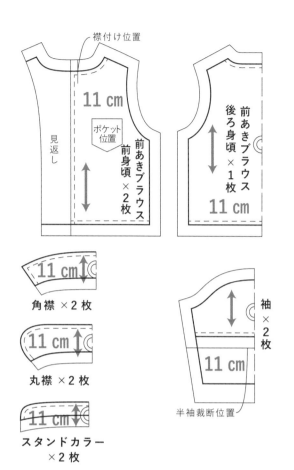

襟付け位置

11 cm

ポケット位置

見返し

前あきブラウス 前身頃 ×2枚

前あきブラウス 後ろ身頃 ×1枚

11 cm

※パーツを組み合わせる。

11 cm

ポケットA ×1枚

11 cm

ポケットB ×1枚

角襟 ×2枚

11 cm

丸襟 ×2枚

11 cm

スタンドカラー ×2枚

袖 ×2枚

11 cm

半袖裁断位置

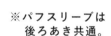

11 cm

長袖カフス ×2枚

※パフスリーブは 後ろあき共通。

ギャザー

パフスリーブ 長袖 ×2枚

11 cm

ギャザー

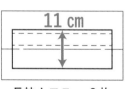

11 cm

パフスリーブ長袖用 カフス ×2枚

ギャザー

11 cm

ギャザー

パフスリーブ 半袖 ×2枚

11 cm

パフスリーブ半袖用 カフス ×2枚

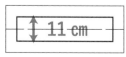

※襟は P.188 のパーツを組み合わせる。

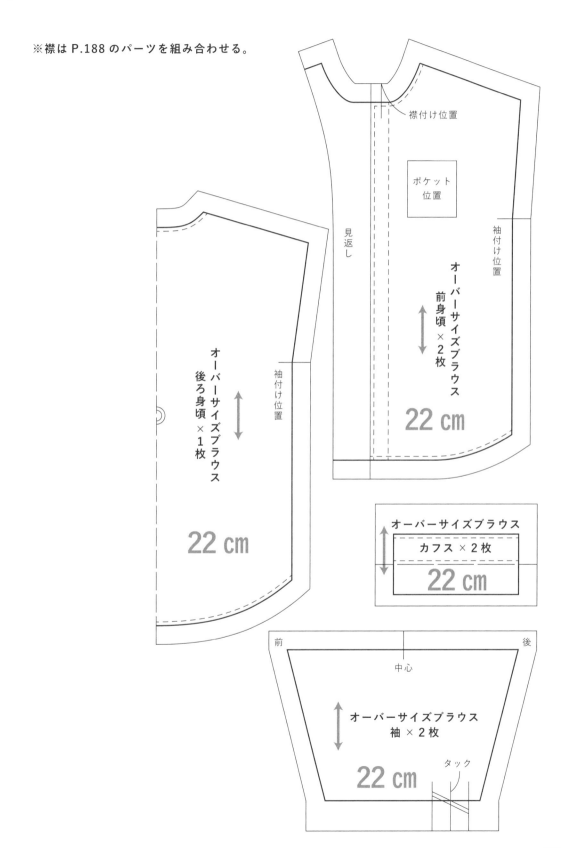

襟付け位置

ポケット
位置

見返し

袖付け位置

オーバーサイズブラウス
前身頃 ×2枚

22 cm

オーバーサイズブラウス
後ろ身頃 ×1枚

袖付け位置

22 cm

オーバーサイズブラウス

カフス ×2枚

22 cm

前　　　　中心　　　　後

オーバーサイズブラウス
袖 ×2枚

22 cm

タック

※襟は P.191 のパーツを組み合わせる。

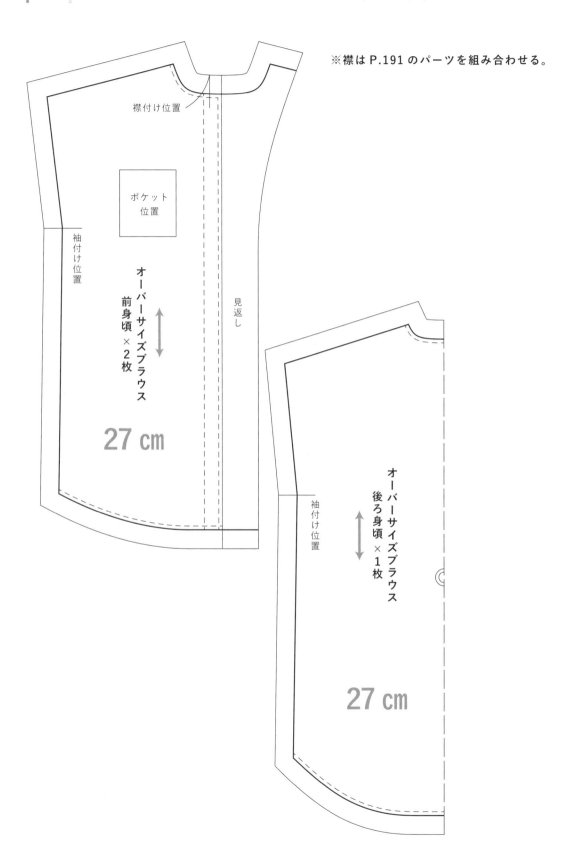

襟付け位置

ポケット位置

袖付け位置

オーバーサイズブラウス
前身頃×2枚

27 ㎝

見返し

オーバーサイズブラウス
後ろ身頃×1枚

袖付け位置

27 ㎝

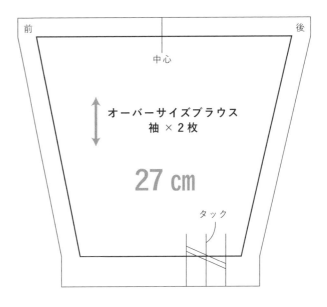

前　　中心　　後

オーバーサイズブラウス
袖 × 2枚

27 cm

タック

オーバーサイズブラウス

カフス × 2枚

27 cm

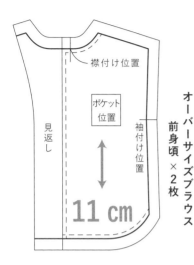

※襟は P.192 のパーツを組み合わせる。

襟付け位置

ポケット
位置

見返し

袖付け位置

11 cm

オーバーサイズブラウス
前身頃×2枚

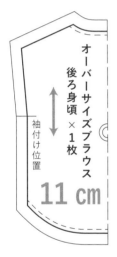

オーバーサイズブラウス
後ろ身頃×1枚

袖付け位置

11 cm

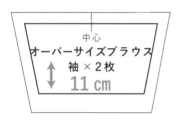

中心

オーバーサイズブラウス
袖×2枚

11 cm

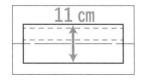

11 cm

オーバーサイズブラウス
カフス×2枚

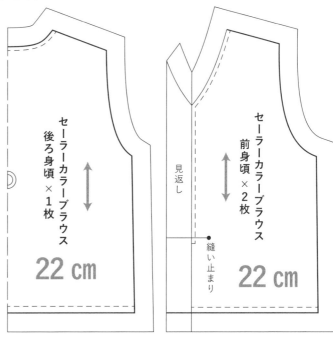

後ろ身頃×1枚 セーラーカラーブラウス

22 cm

見返し

前身頃×2枚 セーラーカラーブラウス

22 cm

縫い止まり

※袖は P.187 のパーツを組み合わせる。

22 cm

持ち出し×1枚 セーラーカラーブラウス

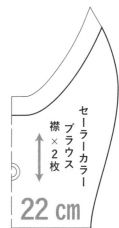

襟×2枚 セーラーカラーブラウス

22 cm

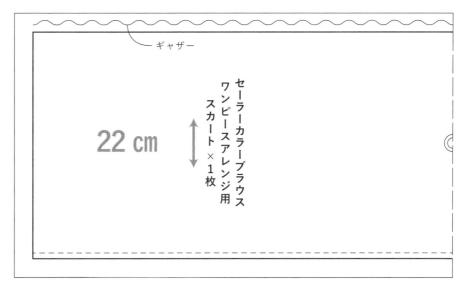

ギャザー

ワンピースアレンジ用スカート×1枚 セーラーカラーブラウス

22 cm

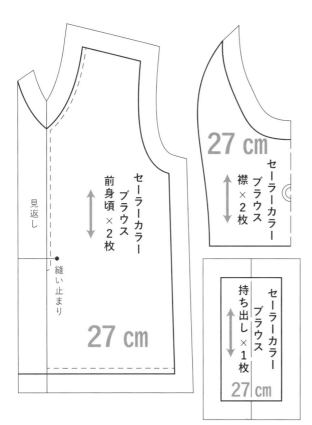

見返し

縫い止まり

セーラーカラー
ブラウス
前身頃
×2枚

27cm

セーラーカラー
ブラウス
襟
×2枚

27cm

セーラーカラー
ブラウス
持ち出し
×1枚

27cm

※袖は P.190 のパーツを組み合わせる。

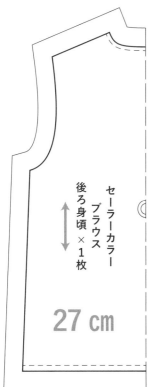

セーラーカラー
ブラウス
後ろ身頃
×1枚

27cm

※袖は P.192 のパーツを組み合わせる。

セーラーカラー
ブラウス
後ろ身頃 ×1枚

11cm

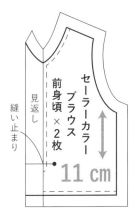

セーラーカラー
ブラウス
前身頃 ×2枚

縫い止まり　見返し

11cm

セーラーカラーブラウス
襟 ×2枚

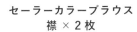

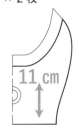

11cm

セーラーカラーブラウス
持ち出し ×1枚

11cm

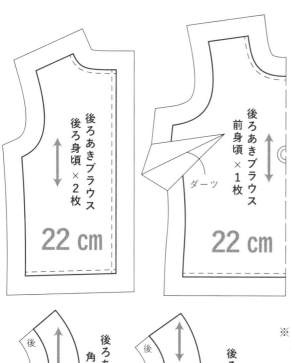

後ろあきブラウス
後ろ身頃 ×2枚
22 cm

後ろあきブラウス
前身頃 ×1枚
22 cm

ダーツ

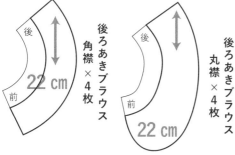

後ろあきブラウス
角襟 ×4枚
後
前
22 cm

後ろあきブラウス
丸襟 ×4枚
後
前
22 cm

※袖は P.187 のパーツを組み合わせる。
　後ろあき用ブラウスと組み合わせができるのは
　パフスリーブのみ。

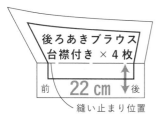

後ろあきブラウス
台襟付き ×4枚
前 22 cm 後
縫い止まり位置

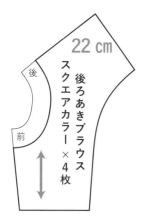

22 cm
後
前
後ろあきブラウス
スクエアカラー ×4枚

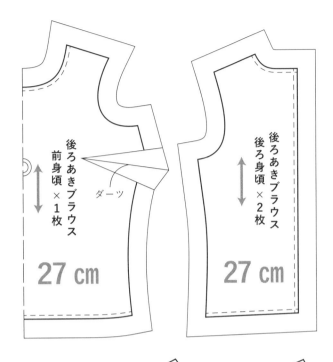

後ろあきブラウス 前身頃 ×1枚

ダーツ

27 cm

後ろあきブラウス 後ろ身頃 ×2枚

27 cm

※袖は P.190 のパーツを組み合わせる。
　後ろあき用ブラウスと組み合わせができるのは
　パフスリーブのみ。

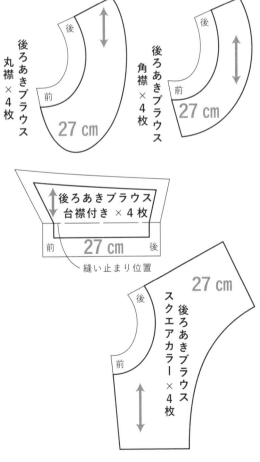

後ろあきブラウス 丸襟 ×4枚

後
前
27 cm

後ろあきブラウス 角襟 ×4枚

後
前
27 cm

後ろあきブラウス 台襟付き ×4枚

前　27 cm　後
縫い止まり位置

後ろあきブラウス スクエアカラー ×4枚

後
前
27 cm

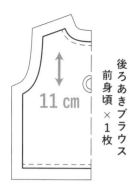

後ろあきブラウス
前身頃 × 1枚

※袖は P.192 のパーツを組み合わせる。
　後ろあき用ブラウスと組み合わせができるのは
　パフスリーブのみ。

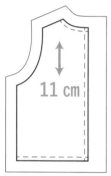

後ろあきブラウス
後ろ身頃 × 2枚

後ろあきブラウス
丸襟 × 4枚

後ろあきブラウス
角襟 × 4枚

後ろあきブラウス
スクエアカラー × 4枚

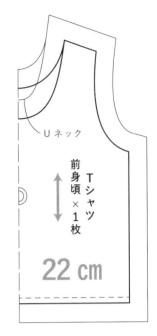

Uネック

Tシャツ
前身頃×1枚

22 cm

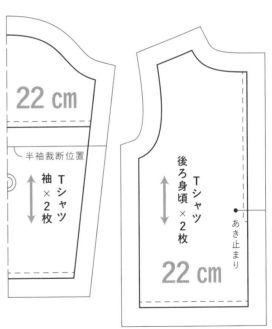

22 cm

半袖裁断位置

Tシャツ
袖×2枚

Tシャツ
後ろ身頃×2枚

あき止まり

22 cm

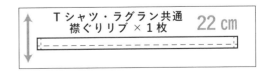

Tシャツ・ラグラン共通
襟ぐりリブ×1枚

22 cm

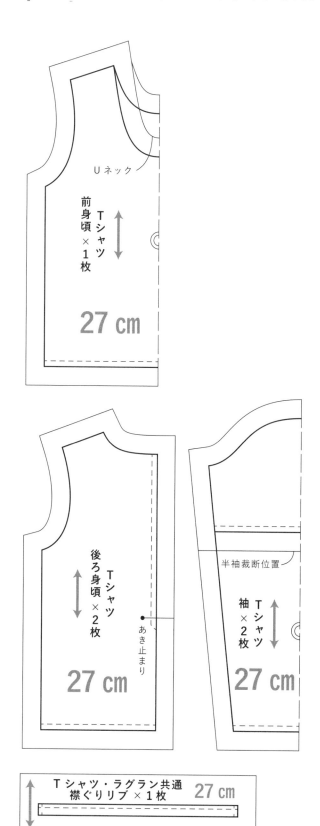

Ｕネック

前身頃
Ｔシャツ×１枚

27 cm

後ろ身頃
Ｔシャツ×２枚

あき止まり

27 cm

半袖裁断位置

袖
Ｔシャツ×２枚

27 cm

Ｔシャツ・ラグラン共通
襟ぐりリブ×１枚　　27 cm

※11㎝サイズのＵネックは基本の型紙そのまま見返しで処理する。

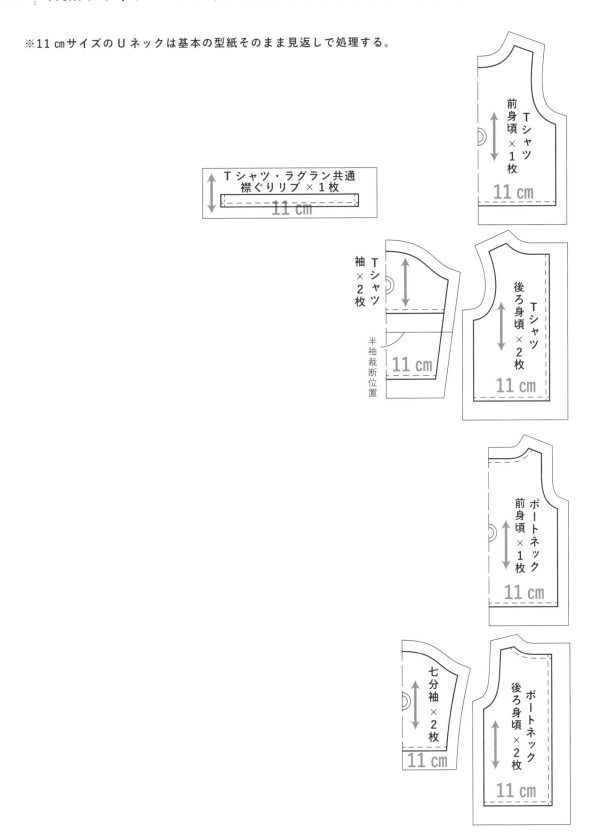

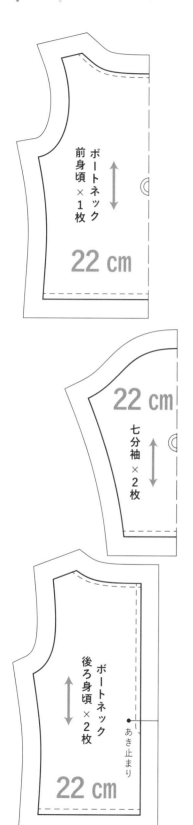

ボートネック
前身頃 × 1枚

22 cm

22 cm

七分袖 × 2枚

ボートネック
後ろ身頃 × 2枚

22 cm

あき止まり

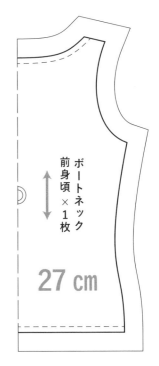

ボートネック 前身頃 × 1枚

27 cm

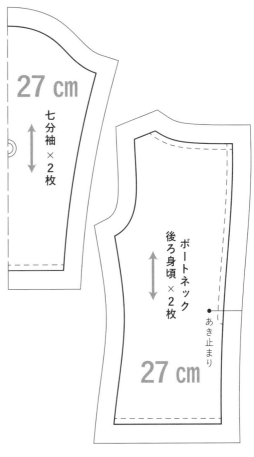

27 cm

七分袖 × 2枚

ボートネック 後ろ身頃 × 2枚

27 cm

あき止まり

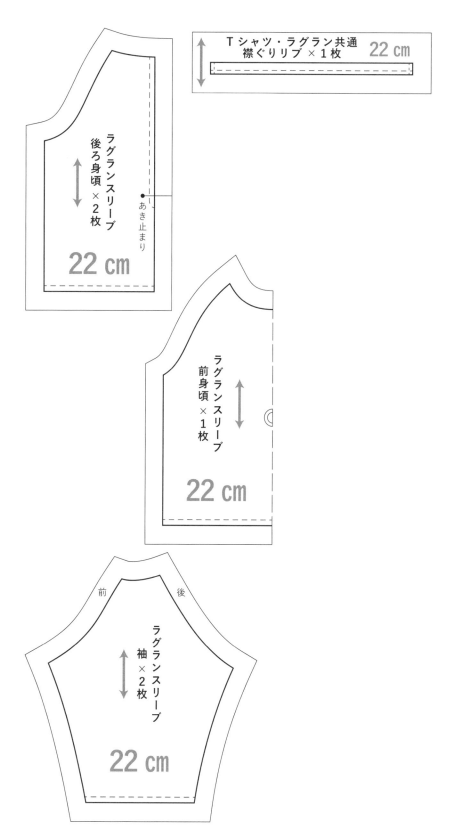

Ｔシャツ・ラグラン共通
襟ぐりリブ ×1枚　22 ㎝

ラグランスリーブ
後ろ身頃 ×2枚
22 ㎝

あき止まり

ラグランスリーブ
前身頃 ×1枚
22 ㎝

前　後

ラグランスリーブ
袖 ×2枚
22 ㎝

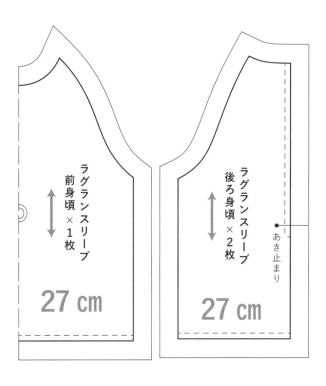

ラグランスリーブ
前身頃 ×1枚

27 cm

ラグランスリーブ
後ろ身頃 ×2枚

あき止まり

27 cm

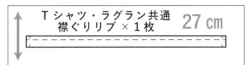

Tシャツ・ラグラン共通
襟ぐりリブ ×1枚

27 cm

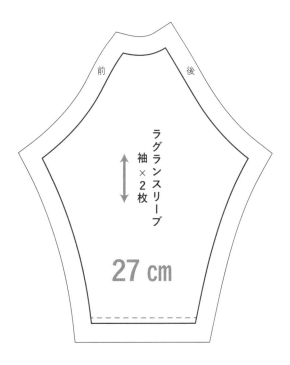

前　後

ラグランスリーブ
袖 ×2枚

27 cm

ラグランスリーブ
前身頃 ×1枚

11 cm

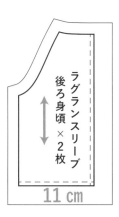

ラグランスリーブ
後ろ身頃 ×2枚

11 cm

前　後

ラグランスリーブ
袖 ×2枚

11 cm

Tシャツ・ラグラン共通
襟ぐりリブ ×1枚

11 cm

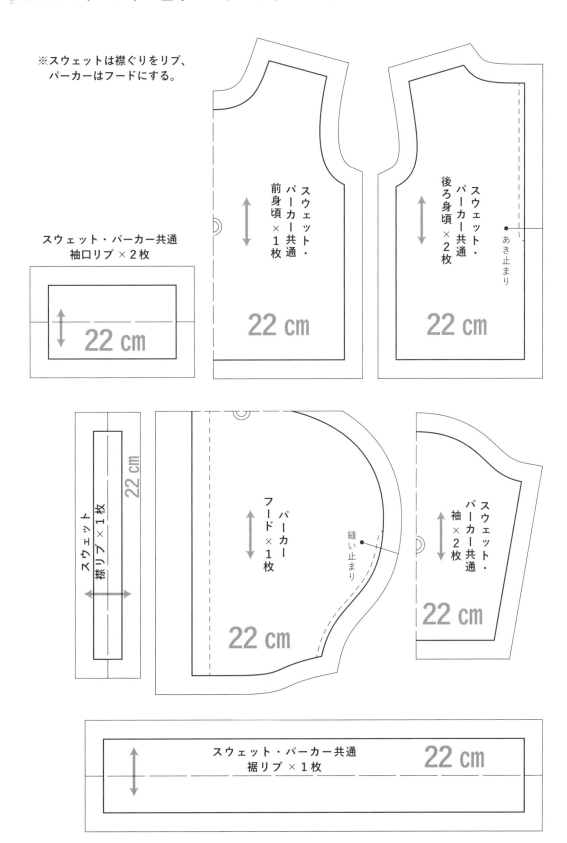

※スウェットは襟ぐりをリブ、
　パーカーはフードにする。

スウェット・パーカー共通
袖口リブ×2枚

22 cm

スウェット・パーカー共通
前身頃×1枚

22 cm

スウェット・パーカー共通
後ろ身頃×2枚

22 cm

あき止まり

スウェット
襟リブ×1枚

22 cm

パーカー
フード×1枚

22 cm

縫い止まり

スウェット・パーカー共通
袖×2枚

22 cm

スウェット・パーカー共通
裾リブ×1枚

22 cm

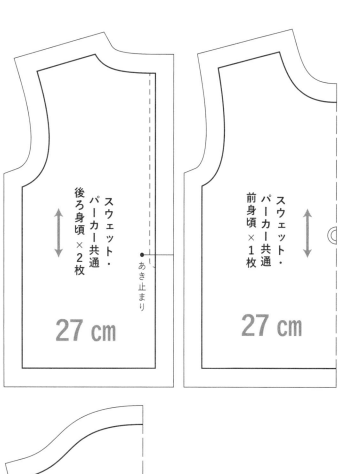

後ろ身頃 ×2枚
スウェット・パーカー共通
27 cm

あき止まり

前身頃 ×1枚
スウェット・パーカー共通
27 cm

袖 ×2枚
スウェット・パーカー共通
27 cm

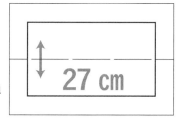

27 cm

スウェット・パーカー共通
袖口リブ ×2枚

※スウェットは襟ぐりをリブ、
　パーカーはフードにする。

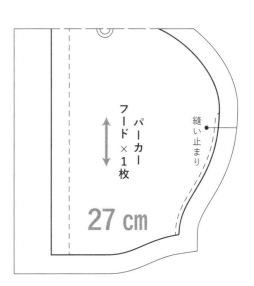

パーカー
フード ×1 枚

縫い止まり

27 cm

スウェット
襟リブ × 1 枚
27 cm

スエット・パーカー共通
裾リブ × 1 枚

27 cm

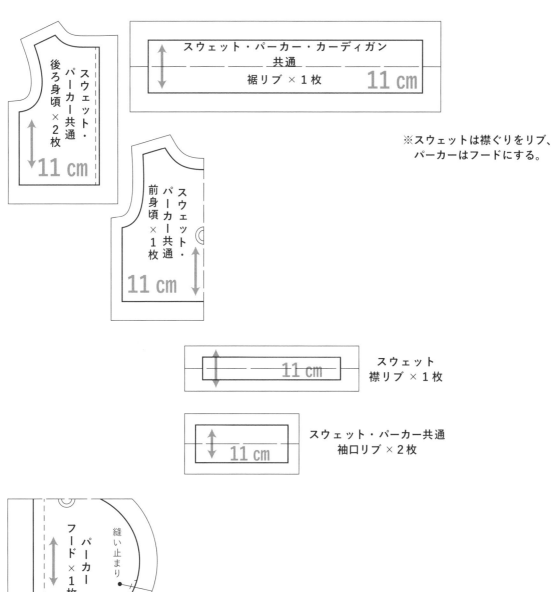

スウェット・パーカー・カーディガン
共通
裾リブ × 1 枚
11 cm

後ろ身頃 × 2 枚
スウェット・パーカー共通
11 cm

前身頃 × 1 枚
スウェット・パーカー共通
11 cm

※スウェットは襟ぐりをリブ、
　パーカーはフードにする。

11 cm
スウェット
襟リブ × 1 枚

11 cm
スウェット・パーカー共通
袖口リブ × 2 枚

パーカー
フード × 1 枚
縫い止まり
11 cm

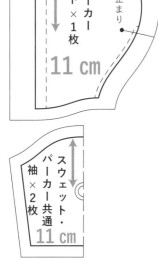

袖 × 2 枚
スウェット・パーカー共通
11 cm

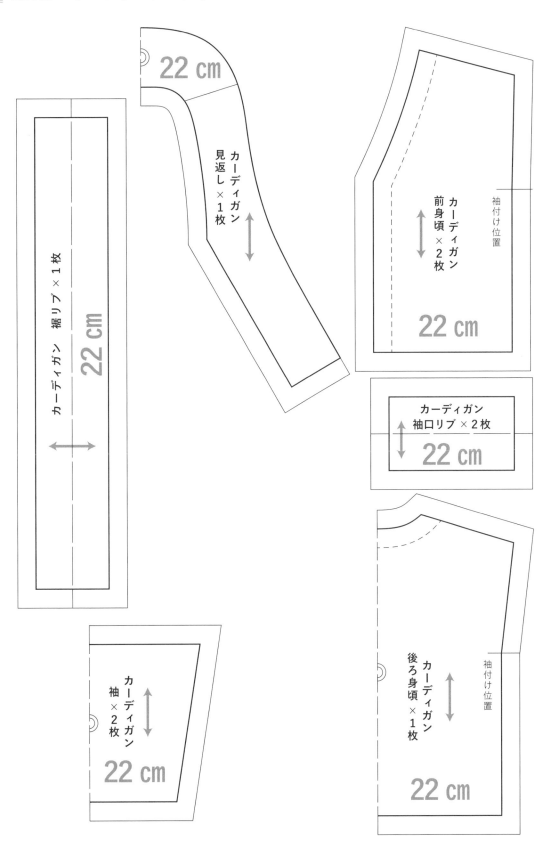

22 cm

カーディガン
見返し × 1 枚

カーディガン
前身頃
× 2 枚

袖付け位置

22 cm

カーディガン　裾リブ × 1 枚

22 cm

カーディガン
袖口リブ × 2 枚

22 cm

カーディガン
袖
× 2 枚

22 cm

カーディガン
後ろ身頃 × 1 枚

袖付け位置

22 cm

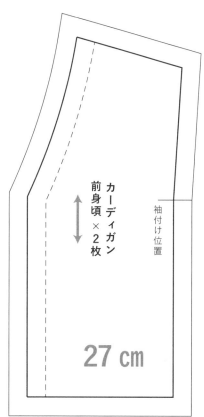

カーディガン
前身頃 × 2枚

袖付け位置

27 cm

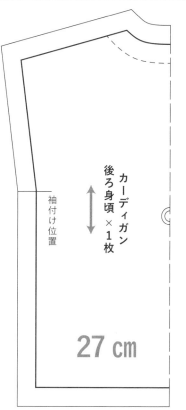

カーディガン
後ろ身頃 × 1枚

袖付け位置

27 cm

カーディガン　裾リブ × 1枚

27 cm

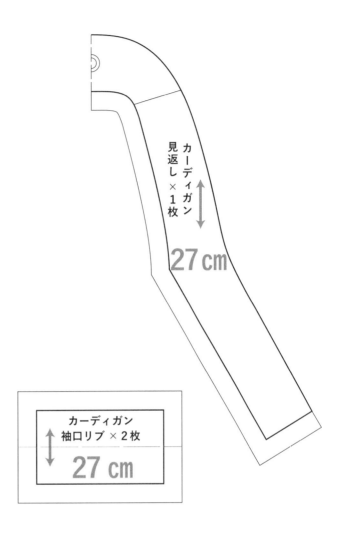

カーディガン
見返し×1枚

27 cm

カーディガン
袖口リブ × 2枚

27 cm

カーディガン
袖×2枚

27 cm

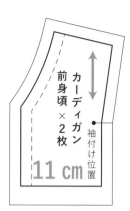

カーディガン
前身頃 × 2枚
11cm
袖付け位置

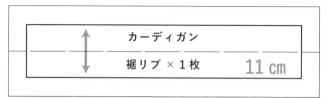

カーディガン
裾リブ × 1枚 11cm

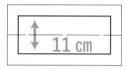

カーディガン
袖口リブ × 2枚
11cm

カーディガン
後ろ身頃 × 1枚
11cm
袖付け位置

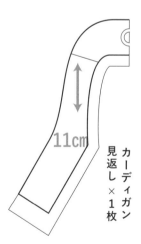

11cm
カーディガン
見返し × 1枚

11cm
カーディガン
袖 × 2枚

※ウエストベルトは221、223ページの共通の型紙を使用する。
11㎝サイズはなし。

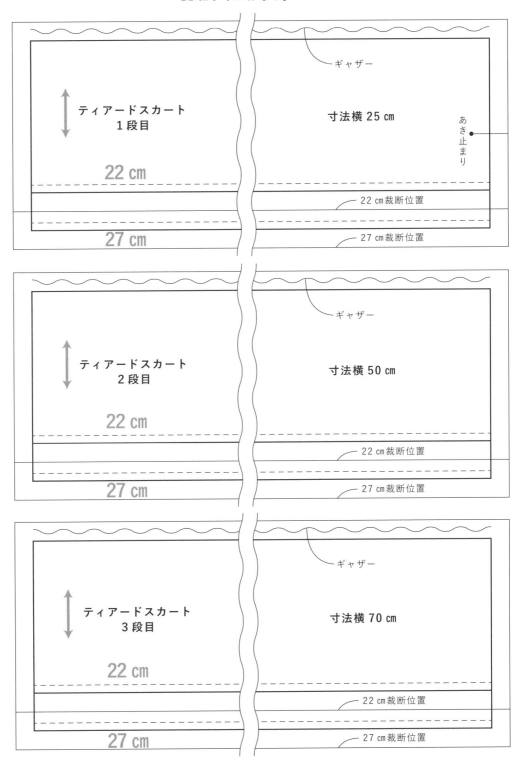

ティアードスカート
1段目

ギャザー

寸法横 25 ㎝

22 ㎝

あき止まり

22 ㎝裁断位置

27 ㎝

27 ㎝裁断位置

ティアードスカート
2段目

ギャザー

寸法横 50 ㎝

22 ㎝

22 ㎝裁断位置

27 ㎝

27 ㎝裁断位置

ティアードスカート
3段目

ギャザー

寸法横 70 ㎝

22 ㎝

22 ㎝裁断位置

27 ㎝

27 ㎝裁断位置

※スカートは 125% に拡大して使用する。

※ウエストベルトは 221、223 ページの共通の型紙を使用する。
　11㎝サイズはなし。

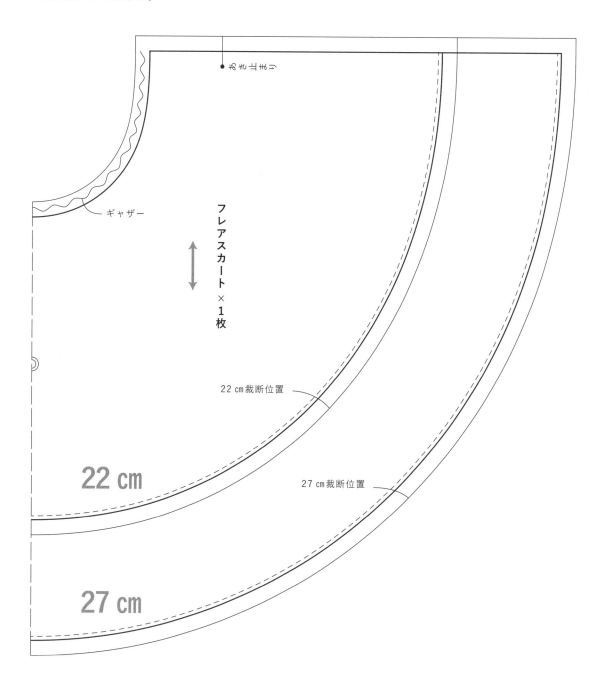

わサイ山まち

ギャザー

フレアスカート × 1 枚

22㎝裁断位置

27㎝裁断位置

22 ㎝

27 ㎝

※11㎝サイズはなし。

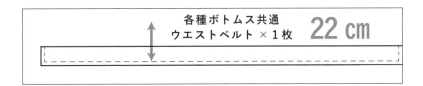

各種ボトムス共通
ウエストベルト ×1枚
22㎝

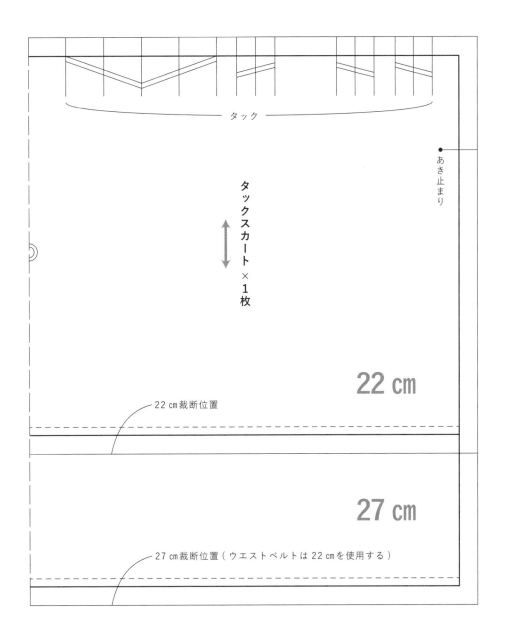

タック

タックスカート ×1枚

あき止まり

22㎝

22㎝裁断位置

27㎝

27㎝裁断位置 (ウエストベルトは 22 ㎝を使用する)

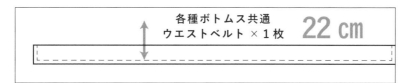

各種ボトムス共通
ウエストベルト × 1枚
22 cm

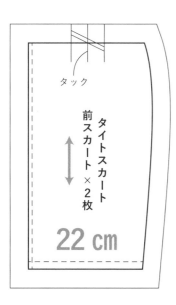

タック

タイトスカート
前スカート × 2枚
22 cm

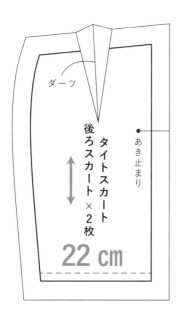

ダーツ

タイトスカート
後ろスカート × 2枚

あき止まり

22 cm

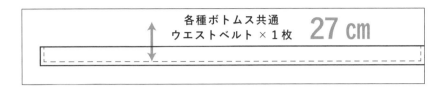

各種ボトムス共通
ウエストベルト × 1枚　27 ㎝

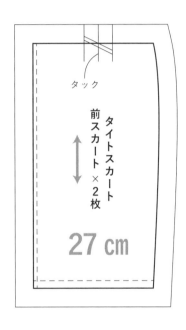

タック

タイトスカート
前スカート × 2枚

27 ㎝

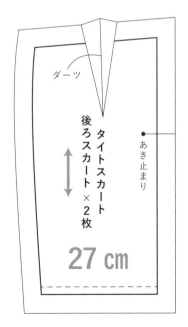

ダーツ

タイトスカート
後ろスカート × 2枚

あき止まり

27 ㎝

各種ボトムス共通
ウエストベルト ×1枚　11 ㎝

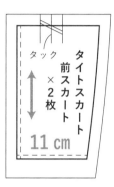

タック

タイトスカート
前スカート
×
2
枚

11 ㎝

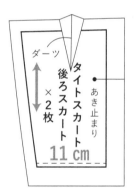

ダーツ

タイトスカート
後ろスカート
×
2
枚

あき止まり

11 ㎝

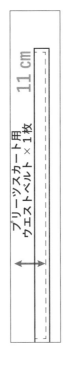

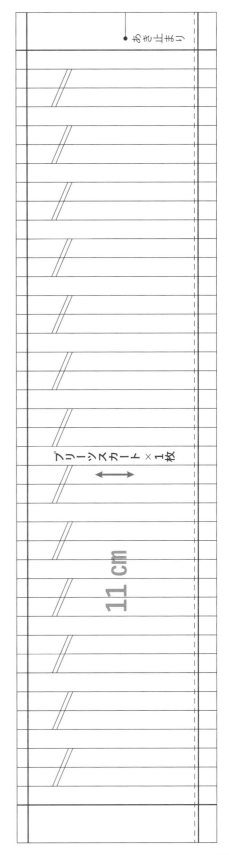

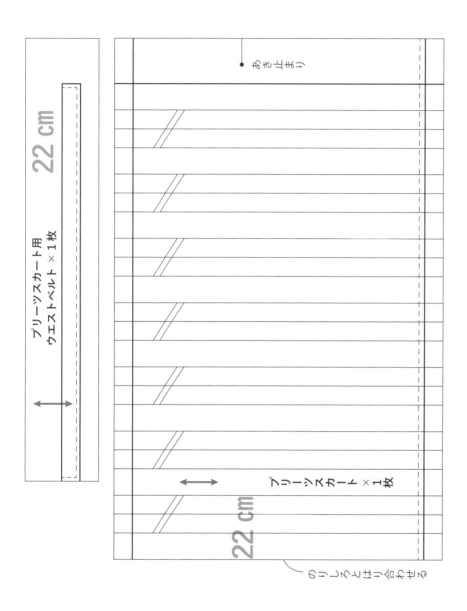

プリーツスカート用
ウエストベルト × 1枚

22 cm

あき止まり

プリーツスカート × 1枚

22 cm

わのしるしをつけておく

わのめ

22 cm

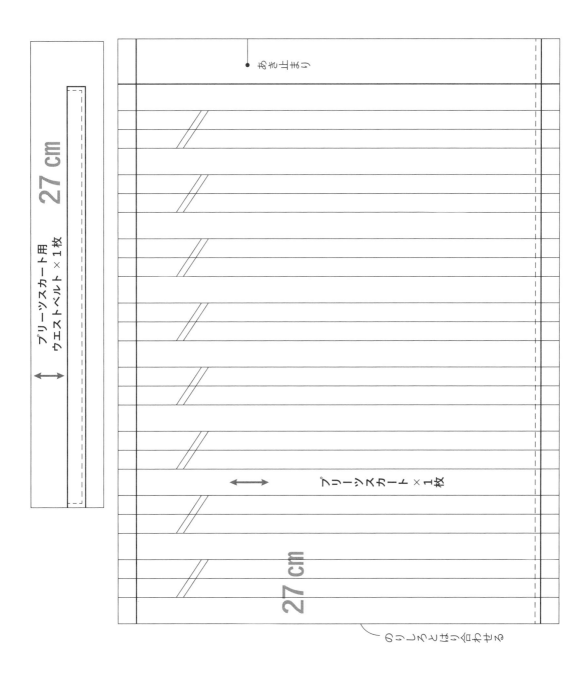

わ止まり

プリーツスカート用
ウエストベルト × 1枚

27 cm

プリーツスカート × 1枚

27 cm

のりしろをはり合わせる

わっか

27cm

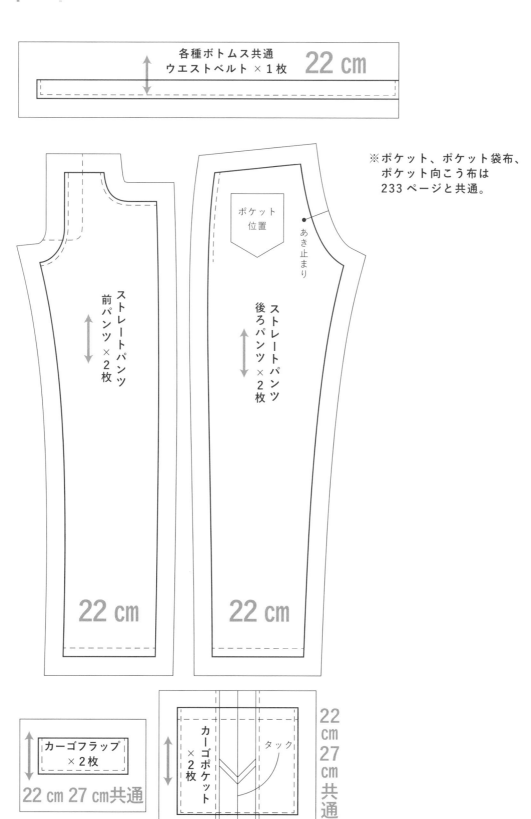

各種ボトムス共通
ウエストベルト × 1枚 **22㎝**

※ポケット、ポケット袋布、
　ポケット向こう布は
　233 ページと共通。

ポケット
位置

あき止まり

ストレートパンツ
前パンツ
× 2枚

ストレートパンツ
後ろパンツ
× 2枚

22㎝

22㎝

カーゴフラップ
× 2枚

22㎝ 27㎝共通

カーゴポケット
× 2枚

タック

22㎝ 27㎝共通

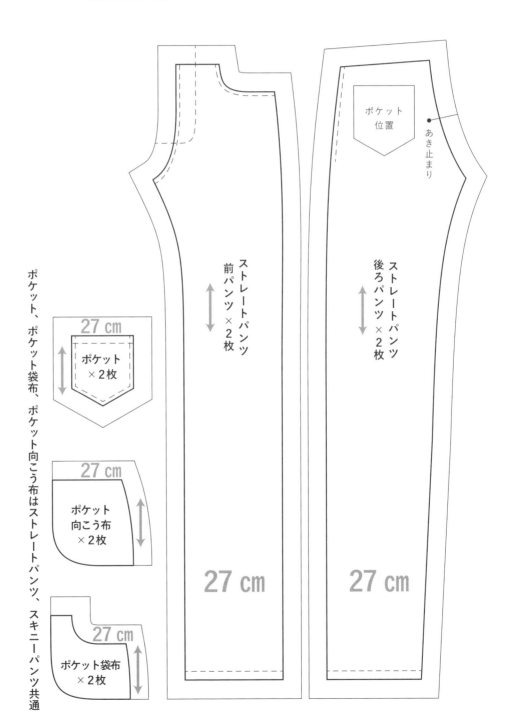

各種ボトムス共通
ウエストベルト ×1枚
27 cm

ポケット
位置

あき止まり

27 cm
ポケット
×2枚

27 cm
ポケット
向こう布
×2枚

27 cm
ポケット袋布
×2枚

ストレートパンツ
前パンツ ×2枚

ストレートパンツ
後ろパンツ ×2枚

27 cm

27 cm

ポケット、ポケット袋布、ポケット向こう布はストレートパンツ、スキニーパンツ共通

※11㎝サイズのパンツはピコニーモ P ボディのサイズが基準。
　オビツ 11 サイズは丈を 5 ㎜短くする。

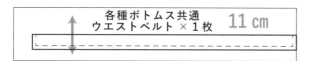

各種ボトムス共通
ウエストベルト × 1枚 11 ㎝

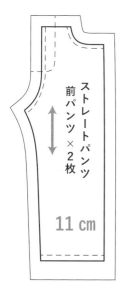

ストレートパンツ
前パンツ × 2枚

11 ㎝

カーゴポケット
× 2枚

11㎝

※11㎝サイズのカーゴポケットに
タックは入らない。

カーゴフラップ
× 2枚

11 ㎝

※ポケット、ポケット袋布、
　ポケット向こう布は
　235 ページと共通。

ポケット
位置

あき止まり

ストレートパンツ
後ろパンツ × 2枚

11 ㎝

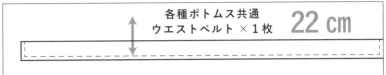

各種ボトムス共通
ウエストベルト ×1枚　**22 cm**

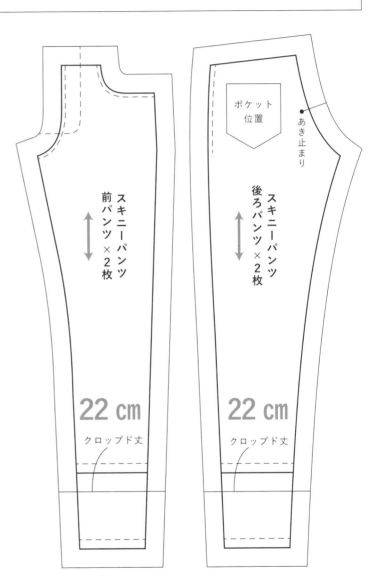

スキニーパンツ
前パンツ ×2枚

22 cm
クロップド丈

ポケット
位置

あき止まり

スキニーパンツ
後ろパンツ ×2枚

22 cm
クロップド丈

ポケット、ポケット袋布、ポケット向こう布はストレートパンツ、スキニーパンツ共通

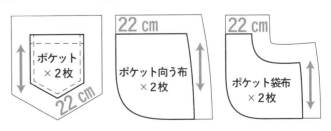

ポケット
×2枚　**22 cm**

22 cm
ポケット向う布
×2枚

22 cm
ポケット袋布
×2枚

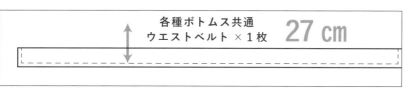

各種ボトムス共通
ウエストベルト ×1枚　27 cm

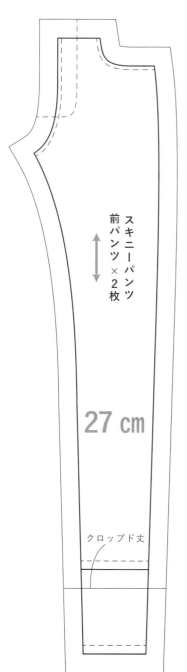

スキニーパンツ
前パンツ ×2枚

27 cm

クロップド丈

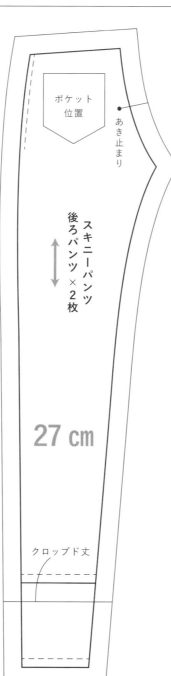

ポケット
位置

あき止まり

スキニーパンツ
後ろパンツ ×2枚

27 cm

クロップド丈

※ポケット、ポケット袋布、
　ポケット向こう布は
　231ページと共通。

※11㎝サイズのパンツはピコニーモPボディのサイズが基準。
オビツ11サイズは丈を5㎜短くする。

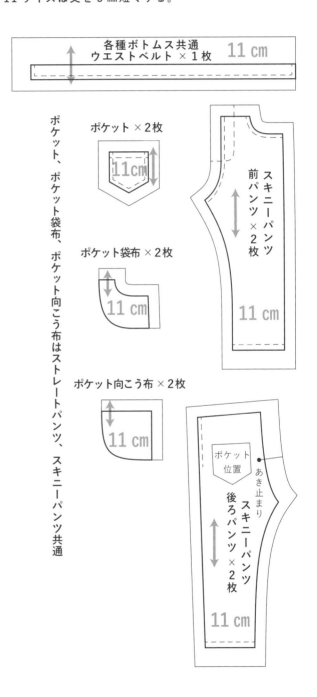

各種ボトムス共通
ウエストベルト ×1枚　11 cm

ポケット ×2枚　11cm

ポケット袋布 ×2枚　11 cm

ポケット向こう布 ×2枚　11 cm

スキニーパンツ前パンツ ×2枚　11 cm

ポケット位置
あき止まり
スキニーパンツ後ろパンツ ×2枚　11 cm

ポケット、ポケット袋布、ポケット向こう布はストレートパンツ、スキニーパンツ共通

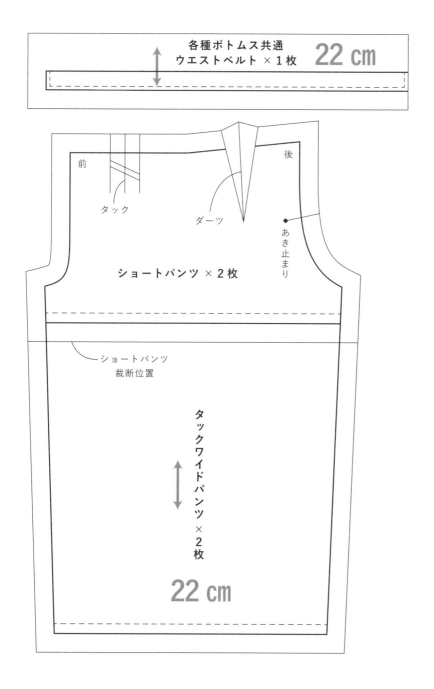

各種ボトムス共通
ウエストベルト × 1枚
22 ㎝

前
後

タック

ダーツ

あき止まり

ショートパンツ × 2枚

ショートパンツ
裁断位置

タックワイドパンツ × 2枚

22 ㎝

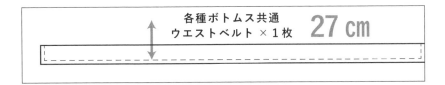

各種ボトムス共通
ウエストベルト × 1 枚　27 ㎝

前

後

タック

ダーツ

あき止まり

ショートパンツ × 2 枚

ショートパンツ
裁断位置

タックワイドパンツ × 2 枚

27 ㎝

各種ボトムス共通
ウエストベルト ×1枚　11 ㎝

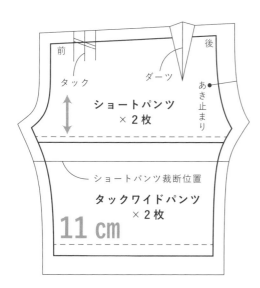

前

後

タック

ダーツ

あき止まり

ショートパンツ
×2枚

ショートパンツ裁断位置

タックワイドパンツ
×2枚

11 ㎝

※襟は 200 ページ、袖は 187 ページと組み合わせる。
　ワンピース身頃と組み合わせができる袖はパフスリーブのみ。

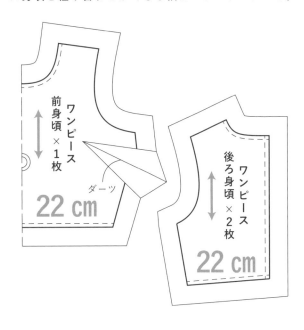

ワンピース
前身頃×1枚

ダーツ

22 cm

ワンピース
後ろ身頃×2枚

22 cm

※ワンピースの身頃は、ブラウスの型紙をワンピース用として丈を短くしたもの。

※襟は 201 ページ、袖は 190 ページと組み合わせる。
　ワンピース身頃と組み合わせができる袖はパフスリーブのみ。

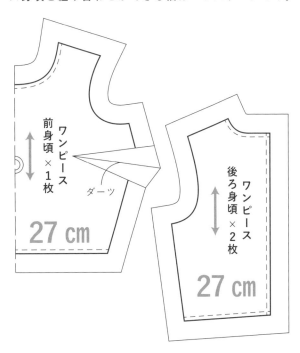

ワンピース
前身頃×1枚

ダーツ

27 cm

ワンピース
後ろ身頃×2枚

27 cm

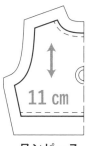

ワンピース
前身頃 × 1 枚

※襟は 202 ページ、袖は 192 ページと組み合わせる。
　ワンピース身頃と組み合わせができる袖はパフスリーブのみ。

※ワンピースの身頃は、ブラウスの型紙をワンピース用として
　丈を短くしたもの。

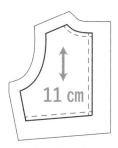

ワンピース
後ろ身頃 × 2 枚

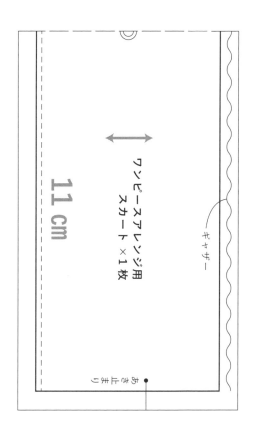

ワンピースアレンジ用
スカート × 1 枚

11 cm

ギャザー

わ　（中央）

あきどまり

※襟は 200 ページ、袖は 187 ページと組み合わせる。
　A ラインワンピースと組み合わせができる袖はパフスリーブのみ。

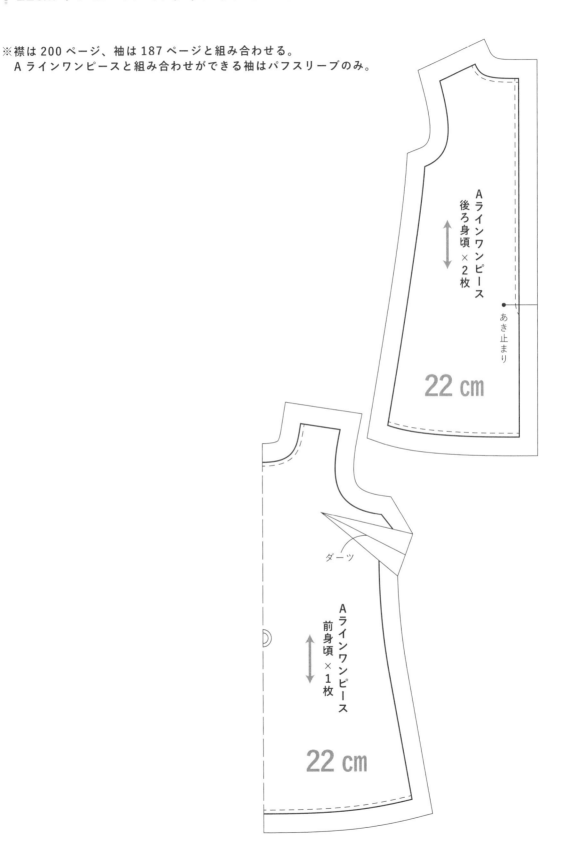

A ラインワンピース
後ろ身頃×2枚

あき止まり

22 cm

ダーツ

A ラインワンピース
前身頃×1枚

22 cm

※襟は201ページ、袖は190ページと組み合わせる。
　Aラインワンピースと組み合わせができる袖は
　パフスリーブのみ。

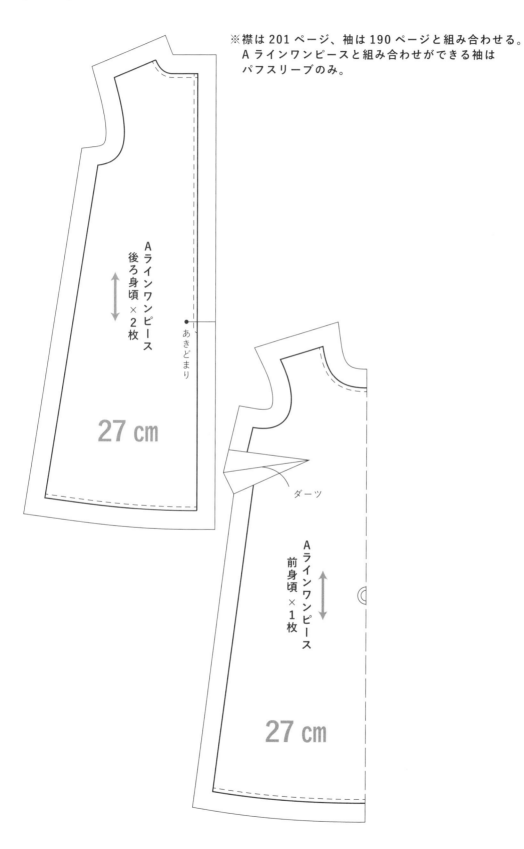

Aラインワンピース
後ろ身頃×2枚

あきどまり

27 ㎝

ダーツ

Aラインワンピース
前身頃×1枚

27 ㎝

A ラインワンピース 前身頃 ×1 枚

11 cm

※襟は 202 ページ、袖は 192 ページと組み合わせる。
　A ラインワンピースと組み合わせができる袖はパフスリーブのみ。

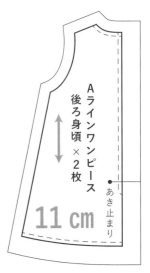

A ラインワンピース 後ろ身頃 ×2 枚

11 cm

あき止まり

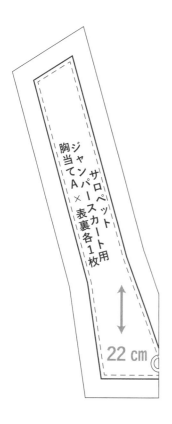

胸当て A ジャンパースカート用　サロペット × 表裏各1枚用

胸当て A エプロンアレンジ用　ウエストベルト ×1枚

胸当て A 用　ウエストベルト ×1枚

22 ㎝

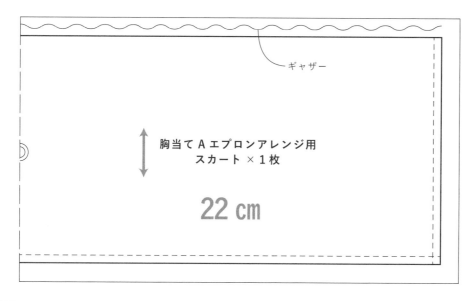

ギャザー

胸当て A エプロンアレンジ用
スカート × 1枚

22 ㎝

サロペット
ジャンパースカート用胸当て B

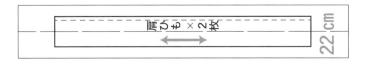

身頃
×表裏各1枚

ひも付け位置

22 ㎝

肩ひも × 2枚

22 ㎝

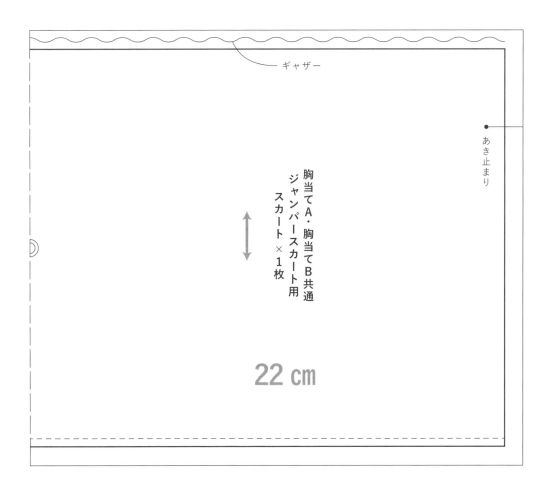

ギャザー

あき止まり

胸当てA・胸当てB共通
ジャンパースカート用
スカート ×1枚

22 ㎝

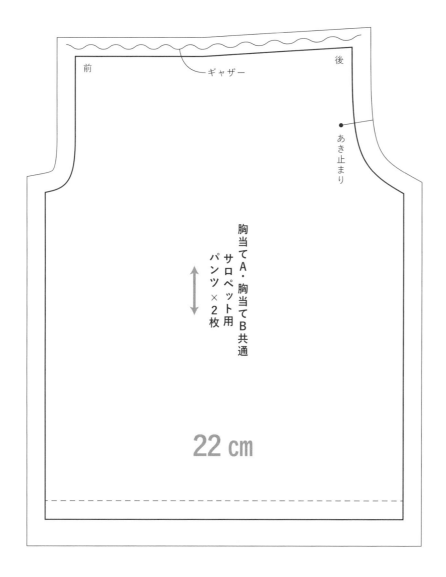

前　　　　　　ギャザー　　　　　　後

あき止まり

胸当てA・胸当てB共通
サロペット用
パンツ×2枚

22 ㎝

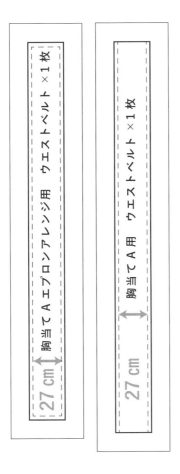

胸当て A エプロンアレンジ用 ウェストベルト ×1枚

27 cm

胸当て A 用 ウェストベルト ×1枚

27 cm

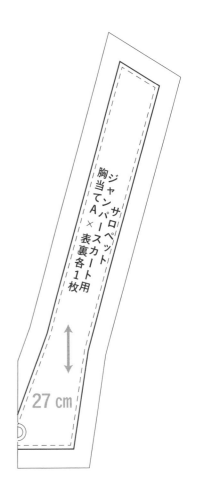

ジャンパースカート
サロペット
胸当て A × 表裏各 1 枚
スカート用

27 cm

ギャザー

胸当て A エプロンアレンジ用
スカート × 1枚

27 cm

サロペット
ジャンパースカート用胸当て B

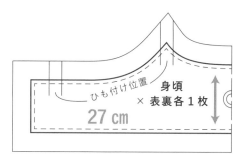

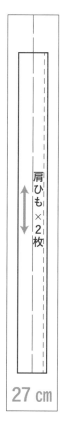

わきどまり

ギャザー

胸当てA・胸当てB共通
ジャンパースカート用
スカート×1枚

27 cm

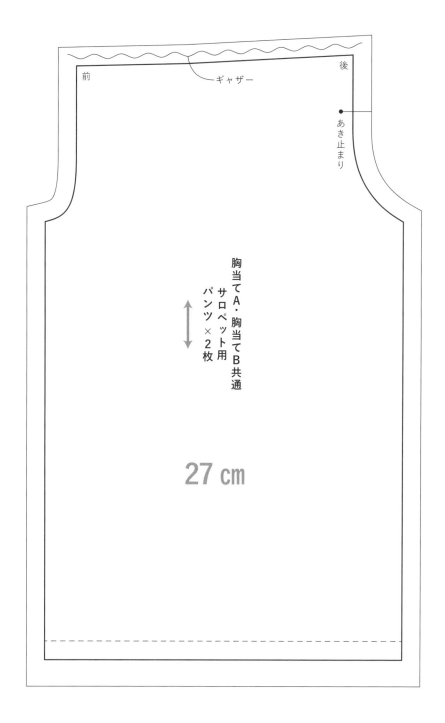

前　　　　ギャザー　　　　後

あき止まり

胸当てA・胸当てB共通
サロペット用
パンツ×2枚

27㎝

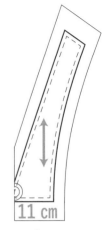

サロペット
ジャンパースカート用
胸当て A× 表裏各 1 枚

11 cm　胸当て A・エプロン用共通
ウエストベルト ×1 枚

胸当て A エプロンアレンジ用スカート ×1 枚

11 cm

ギャザー

サロペット
ジャンパースカート用胸当て B

身頃
× 表裏各 1 枚

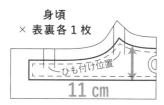

ひも付け位置

11 cm

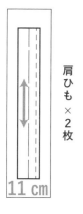

肩ひも ×2 枚

11 cm

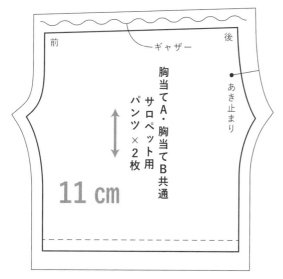

前　　　　　ギャザー　　　後

あき止まり

胸当て A・胸当て B 共通
サロペット用
パンツ ×2 枚

11 cm

ギャザー

胸当て A・胸当て B 共通
スカート用
スカート ×1 枚

11 cm

あき止まり

P.136　22cm アウター　ダッフルコートとモッズコート

※モッズコート・ダッフルコートで共通型紙にしているため、ステッチラインは当てはまらない部分あり。プロセスページを確認。

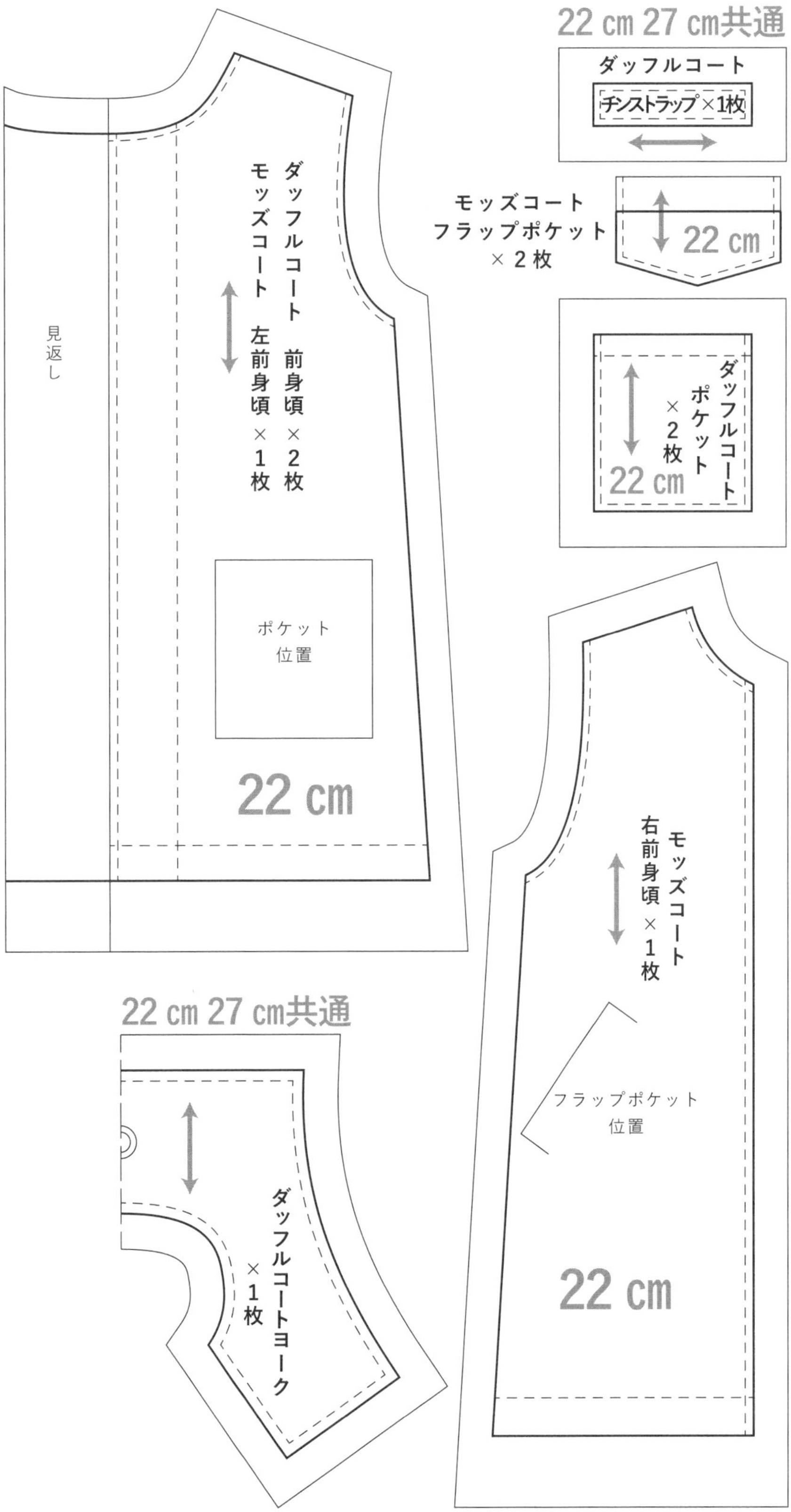

22 cm 27 cm共通
ダッフルコート
チンストラップ×1枚
モッズコート
フラップポケット
×２枚
22 cm
ダッフルコート
ポケット
×２枚
22 cm
ダッフルコート　前身頃×２枚
モッズコート　左前身頃×１枚
見返し
ポケット位置
22 cm
モッズコート
右前身頃×１枚
フラップポケット位置
22 cm
22 cm 27 cm共通
ダッフルコートヨーク
×１枚

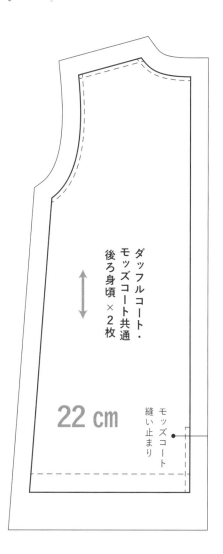

ダッフルコート・
モッズコート共通
後ろ身頃 ×2枚

22 cm

モッズコート
縫い止まり

ダッフルコート

袖口ベルト × 2枚

22 cm

ダッフルコート・
モッズコート共通
袖 ×2枚

22 cm

P.136　22cm アウター　ダッフルコートとモッズコート

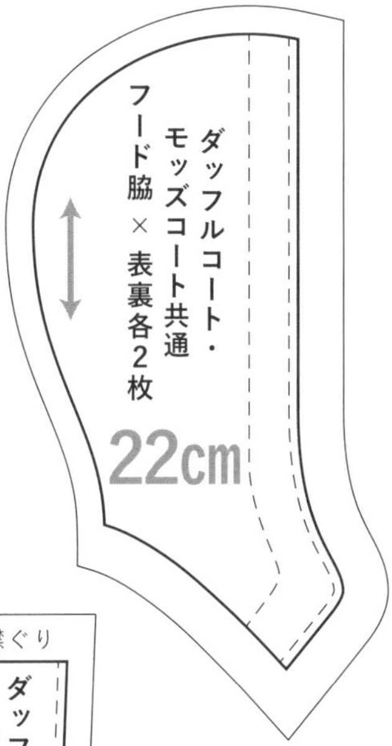
ダッフルコート・
モッズコート共通
フード脇×表裏各2枚
22cm

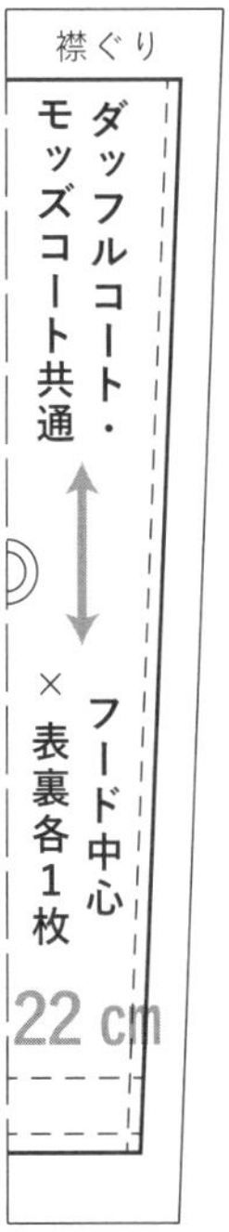
襟ぐり
ダッフルコート・
モッズコート共通
フード中心
×表裏各1枚
22cm

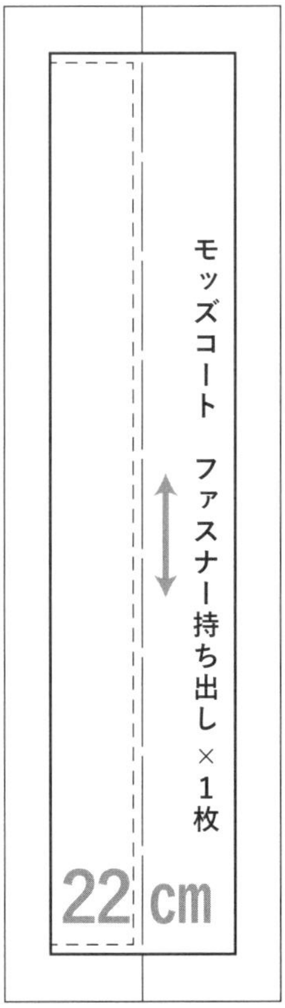
モッズコート　ファスナー持ち出し×1枚
22cm

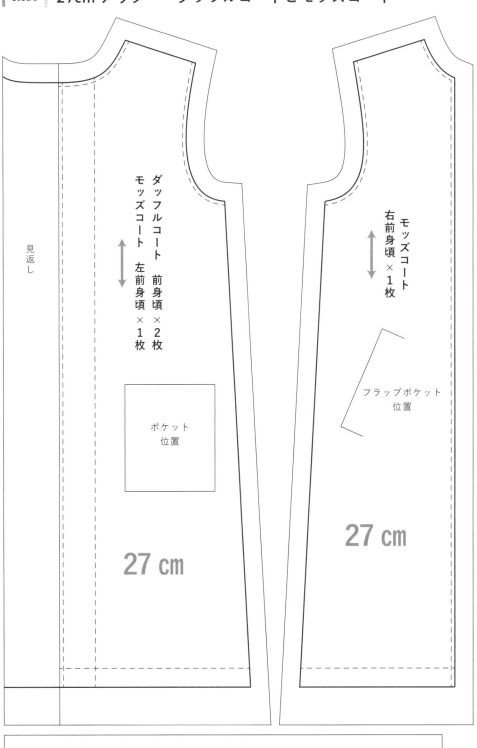

見返し

ダッフルコート　前身頃　×2枚
モッズコート　左前身頃　×1枚

ポケット位置

モッズコート　右前身頃　×1枚

フラップポケット位置

27 cm

27 cm

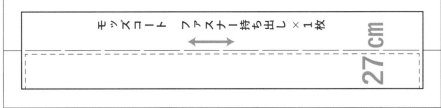

モッズコート　ファスナー持ち出し×1枚

27 cm

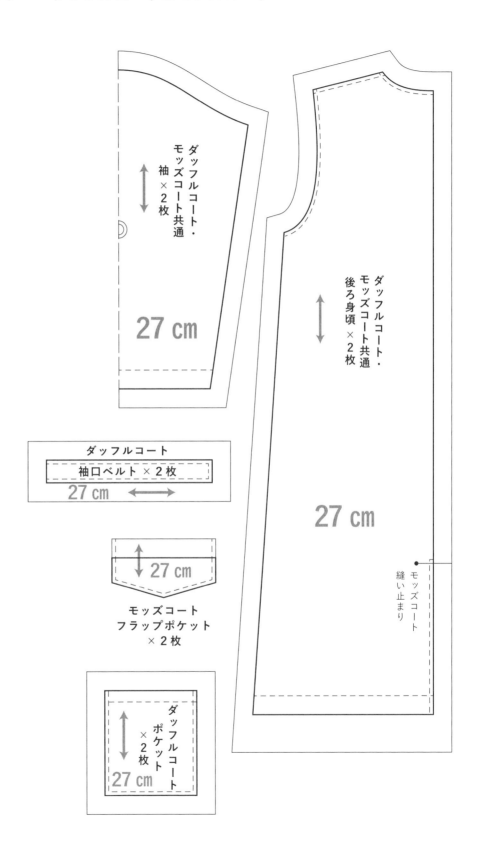

ダッフルコート・
モッズコート共通
袖 × 2枚

27 cm

ダッフルコート・
モッズコート共通
後ろ身頃 × 2枚

ダッフルコート
袖口ベルト × 2枚
27 cm

27 cm

モッズコート
フラップポケット
× 2枚

27 cm

モッズコート
縫い止まり

ダッフルコート
ポケット
× 2枚
27 cm

22 cm 27 cm共通

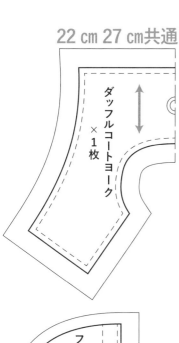

ダッフルコートヨーク ×1枚

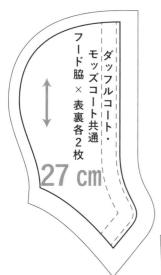

ダッフルコート・モッズコート共通 フード脇 × 表裏各2枚

27 cm

22 cm 27 cm共通

ダッフルコート

チンストラップ×1枚

ダッフルコート・モッズコート共通 フード中心 × 表裏各1枚

27 cm

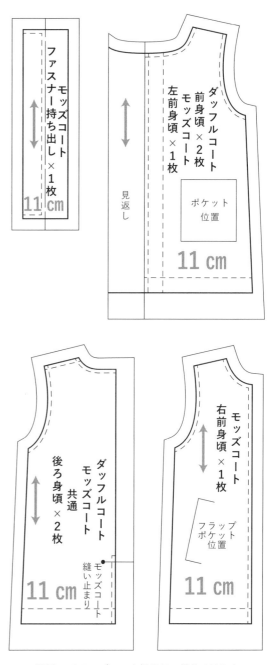

モッズコート　ファスナー持ち出し×1枚

11 cm

ダッフルコート　前身頃×2枚　モッズコート　左前身頃×1枚

見返し

ポケット位置

11 cm

ダッフルコート　モッズコート　共通　後ろ身頃×2枚

モッズコート　縫い止まり

11 cm

モッズコート　右前身頃×1枚

フラップポケット位置

11 cm

※11㎝のモッズコート裾は三つ折りではなく
二つ折りで処理する。

ダッフルコート・モッズコート共通　袖 × 2枚

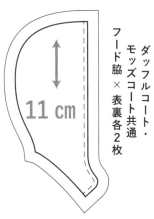

ダッフルコート・モッズコート共通　フード脇 × 表裏各2枚

※11 cm はフードのステッチは
　端ステッチのみ。

ダッフルコート・モッズコート共通　フード中心 × 表裏各1枚

モッズコート
フラップポケット
× 2枚

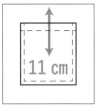

ダッフルコート
ポケット
× 2枚

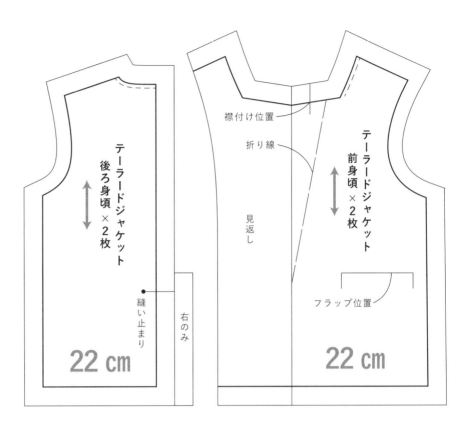

テーラードジャケット
後ろ身頃 ×2枚

縫い止まり

右のみ

22 cm

襟付け位置

折り線

見返し

テーラードジャケット
前身頃 ×2枚

フラップ位置

22 cm

22 cm

テーラードジャケット
フラップポケット
×2枚

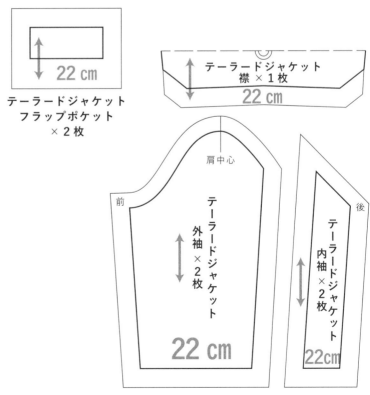

テーラードジャケット
襟 ×1枚

22 cm

肩中心

前

後

テーラードジャケット
外袖 ×2枚

22 cm

テーラードジャケット
内袖 ×2枚

22cm

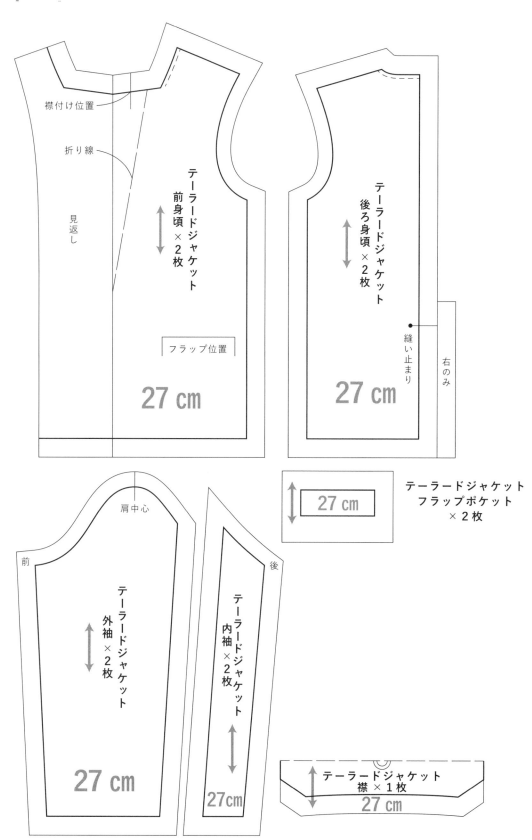

襟付け位置

折り線

見返し

テーラードジャケット
前身頃×2枚

フラップ位置

27 cm

テーラードジャケット
後ろ身頃×2枚

縫い止まり

右のみ

27 cm

27 cm

テーラードジャケット
フラップポケット
×2枚

肩中心

前

後

テーラードジャケット
外袖×2枚

テーラードジャケット
内袖×2枚

27 cm

27cm

テーラードジャケット
襟×1枚

27 cm

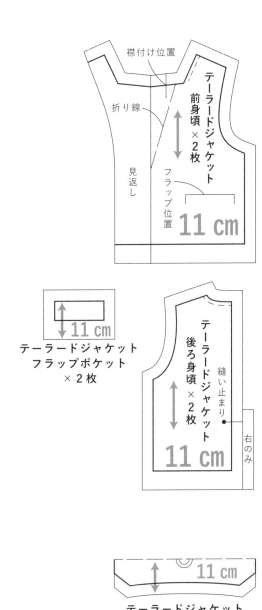

襟付け位置

折り線

見返し

テーラードジャケット
前身頃 ×2枚

フラップ位置

11 cm

11 cm

テーラードジャケット
フラップポケット
×2枚

テーラードジャケット
後ろ身頃 ×2枚

縫い止まり

右のみ

11 cm

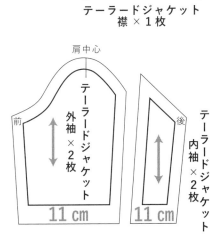

11 cm

テーラードジャケット
襟 ×1枚

肩中心

前

テーラードジャケット
外袖 ×2枚

後

テーラードジャケット
内袖 ×2枚

11 cm

11 cm

※ジョシィサイズはＭサイズを130％拡大する。
　7㎜縫い代で縫う。

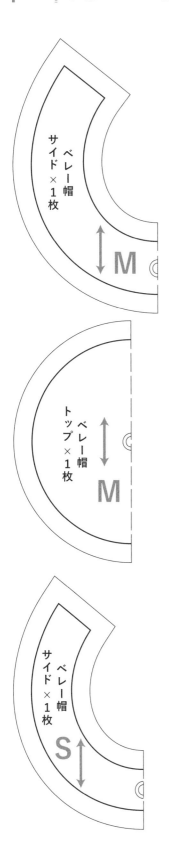

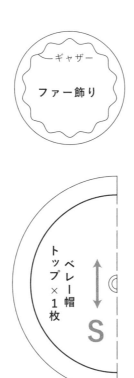

ベレー帽
サイド×1枚

M

ベレー帽
トップ×1枚

M

ギャザー

ファー飾り

ベレー帽
トップ×1枚

S

ベレー帽
サイド×1枚

S

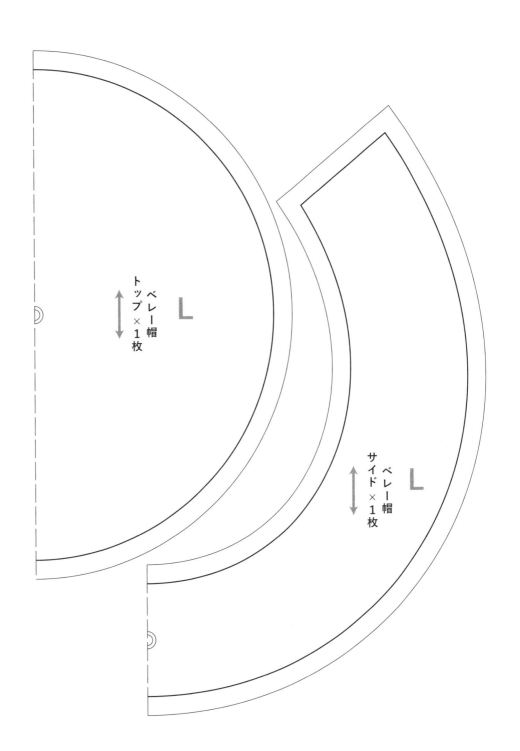

ベレー帽
トップ×1枚

L

ベレー帽
サイド×1枚

L

キャップ　サイド ×6枚　M

ブリム キャップ ×2枚　M

キャップ　見返し ×1枚　M

キャップ　サイド ×6枚　S

ブリム キャップ ×2枚　S

キャップ　見返し ×1枚　S

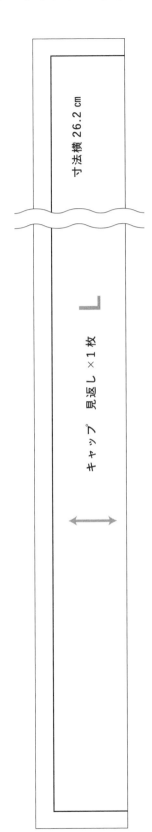

寸法横 26.2 cm

キャップ　見返し ×1 枚　L

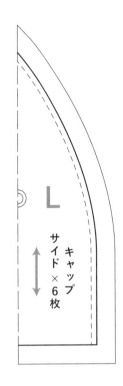

キャップ
サイド
×6 枚　L

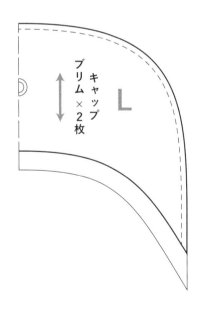

キャップ
ブリム
×2 枚　L

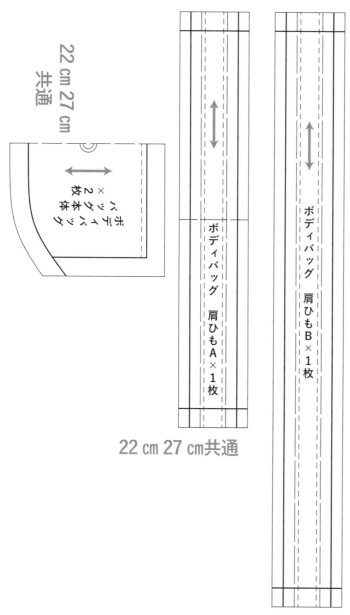

22 cm 27 cm 共通

ボディバッグ　肩ひもA×1枚

22㎝27㎝共通

ボディバッグ　肩ひもB×1枚

22㎝27㎝共通

ボディバッグ本体×2枚

11 cm

ボディバッグ本体×2枚

※11㎝の肩ひもはリボンを使用。
　A：7㎝
　B：8㎝

※肩ひもは 270 ページに掲載。

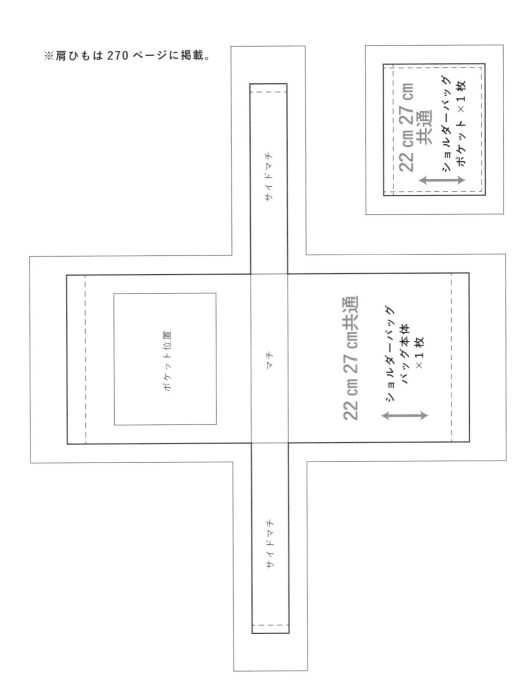

22 cm 27 cm 共通
ショルダーバッグ
バッグ本体
×1枚

サイドマチ

マチ

サイドマチ

ポケット位置

22 cm 27 cm
共通
ショルダーバッグ
ポケット ×1枚

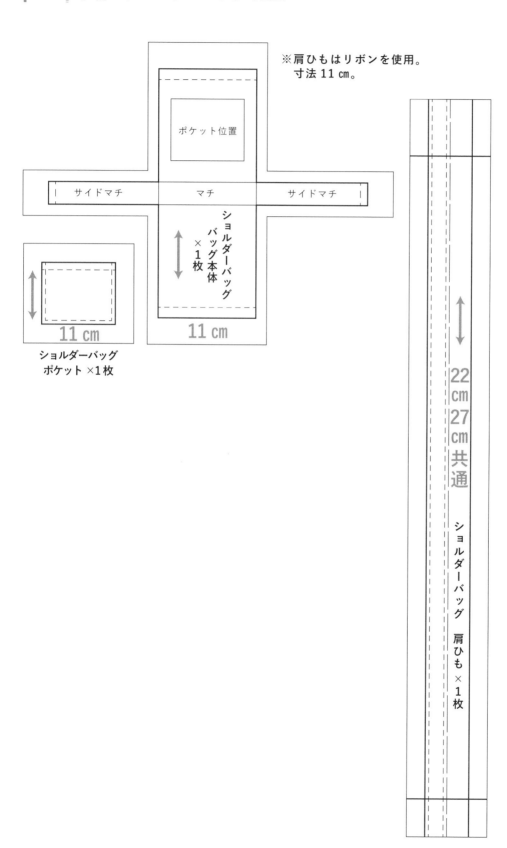

※肩ひもはリボンを使用。
　寸法11㎝。

ポケット位置

サイドマチ　　　マチ　　　サイドマチ

ショルダーバッグ
バッグ本体
×1枚

11㎝

11㎝

ショルダーバッグ
ポケット ×1枚

22㎝27㎝共通

ショルダーバッグ　肩ひも ×1枚

※使用生地、ドールの種類によって
　着用できない場合もある。

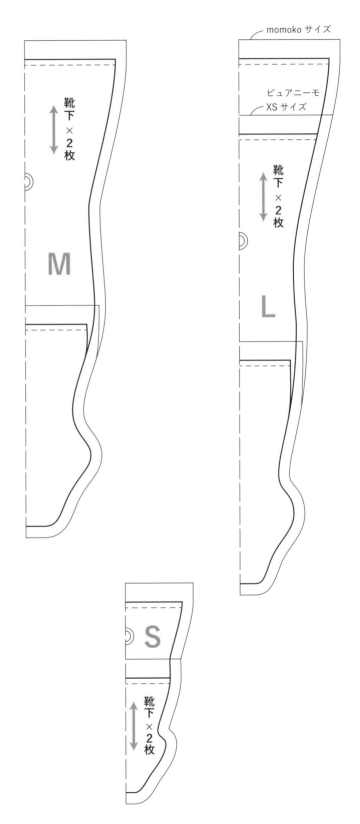

momoko サイズ

ピュアニーモ
XS サイズ

靴下 × 2枚

M

L

S

靴下 × 2枚

Profile

関口妙子
Taeko Sekiguchi

2001年より人形服の制作を始める。現在、PetWORKs、セキグチ、アゾンインターナショナル他でドールの衣装デザイン＆パターンを手掛けつつ、自身のブランド（F.L.C.）でオリジナル衣装の制作を行う。著書は『ドール服づくりの基礎のきそ』（グラフィック社）など多数。

https://flc.theblog.me
X：@sekiguchitae

協力

株式会社アゾンインターナショナル
https://www.azone-int.co.jp

株式会社セキグチ
https://www.sekiguchi.co.jp

株式会社ペットワークス
https://www.petworks.co.jp/doll

ドール用の資材が購入できるお店

（有）Pb'-factory（ドール服資材 Web shop）
https://www.pb-factory.jp/

IVORY
https://ivorymaterials.cart.fc2.com/

Staff

撮影　福井裕子
デザイン　橘川幹子
型紙、イラスト　関口ひな
編集　恵中綾子（グラフィック社）

撮影協力

AWABEES
東京都渋谷区千駄ヶ谷 3-51-10
PORTAL POINT HARAJUKU 5F
tel. 03-6434-5635

UTUWA
東京都渋谷区千駄ケ谷 3-50-11 明星ビルディング 1F
tel. 03-6447-0070

ドール服大全 ベーシックスタイル
基本の形を知ってアレンジを楽しむ

2024年6月25日　初版第1刷発行
2024年9月25日　初版第3刷発行

著　者：関口妙子
発行者：津田淳子
発行所：株式会社グラフィック社
　　　　〒102-0073
　　　　東京都千代田区九段北 1-14-17
　　　　tel.03-3263-4318（代表）
　　　　　　03-3263-4579（編集）
　　　　fax.03-3263-5297
　　　　https://www.graphicsha.co.jp

印刷・製本：TOPPANクロレ株式会社